無意識はいつも正しい

クスドフトシ

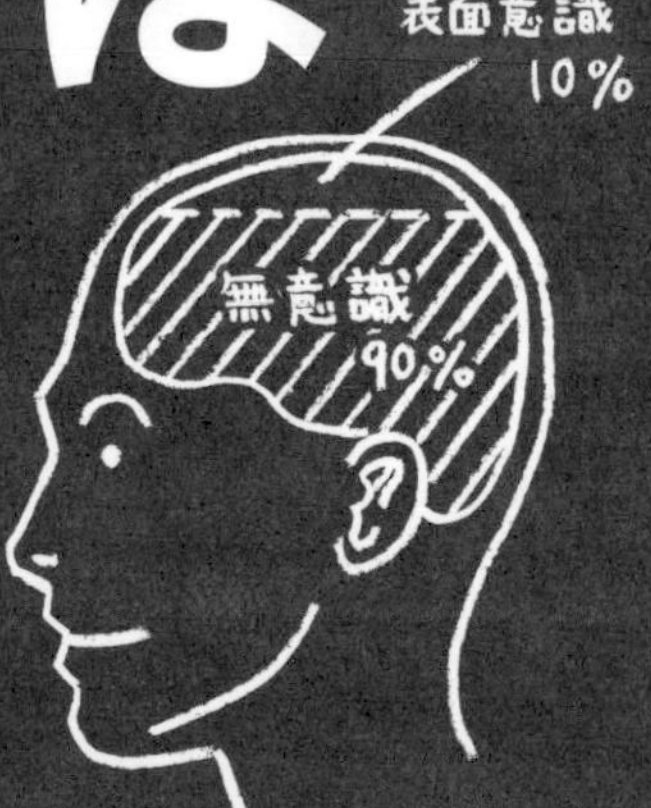

WANIBOOKS

無意識はいつも正しい

「無意識」や「潜在意識」と聞いて、

「怪しい……」

と思った、みなさんへ。
僕と1分でできる実験をしませんか？

突然ですが、「潜在意識」や「無意識」は全くもって怪しいパワーではありません。

なんなら、このチカラを使いこなせば、仕事や恋愛、人間関係の悩みが解決できます。

…どうにか、分かってもらいたい。


でもその「怪しい」って気持ちも分かります。

そりゃそうですとも、突然「無意識を味方につけるだけで人生がうまくいく!」と言われたってね。


そこで、その「怪しい」と思う気持ちを払しょくする、ある実験をご用意いたしました。

ぜひ、僕と一緒に試してみませんか?

忙しい? 大丈夫です。

1分で終わりますから。

しかも顧客満足度99%(自画自賛)を誇る実験です。

1分後、多くの方が

の表情に変わっていることでしょう。

この実験を試してもなお「怪しい……」と思われるなら、もうきれいさっぱり僕はあきらめることにします。その時は、この本をそっと元の場所に戻してください（ただし、他の誰にも見られないようにお願いしますね！）。

それでは実験スタートです。

「無意識はいつも正しい」実験

やり方

1 目をパッチリ閉じる

2 しばらくして頭の中で「黄色！　黄色！　黄色！」と、3回言う

3 目を開ける

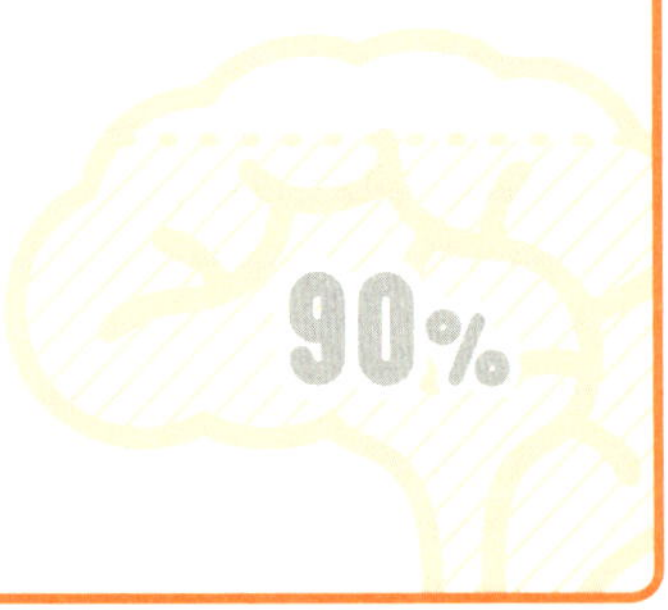

……はい終了です。

おや？　今、あなたは黄色いものを探したくて探したくて、たまらなくなっていませんか？

それは「レモン」なのかもしれませんし（書店にレモンがあるわけないか……）、近くにいる人の「黄色い服」や棚に入った「黄色い本」、または壁に貼られた「黄色いポスター」なのかもしれません。

とにかく、**今あなたは身の回りにある黄色い物体を探したくてたまらなくなっているはず**です。

もし、まだ疑うなら「黄色」だけじゃなくて、「赤色」や「青色」など、色を変えて何回かやってみてください。

必ず、その色と同じ物体を探したくなることでしょう。

これがいわゆる無意識の力の1つ「勝手に答えを見つけてくれる」です。

つまり、あなたが頭の中で「黄色！　黄色！　黄色！」と3回叫んで目を開けたその瞬間、**無意識は「黄色といえば……例えばコレのことだよ！」とあなたに映像として教えてくれていた**のです。

他にも、新車を買おうと決めたら、**同じ車種を何度も見かけたり、子どもが産まれたら、子育ての情報ばかり目に飛び込んできたり。**

思い返すと、こんな経験一度はあるのではないでしょうか？

そして、この無意識は「いつも正しい答え」だけを僕たちに出してくれます（なぜいつも正しいのかは、読んでからのお楽しみ）。

もし今あなたが様々な悩みで苦しんでいるなら――
もし毎日不安で不安でたまらないなら――
もしもっと幸せな人生を送りたいなら――
僕と一緒に、無意識のパワーを味方につけてみませんか？
きっと、このチカラがあなたを救ってくれるでしょう。

あなた「でもそのパワーを身につけるのって、難しいんでしょう？」

いいえ、安心してください。

決して新しい自分になる必要はありません。

だって、**あなたは元から誰にでも備わっている「無意識の声」に、ただ耳を傾けるだけでいい**のですから。
次のページからは、その方法をたっぷりお伝えしていきます。

目次

注意

本書では、「無意識」と「潜在意識」を
同じ意味で使用していますが、
文脈上の伝わりやすさによって使い分けております。

第0章

僕について

引きこもりだった僕を変えたもの

僕は今、『世界はキミのためにある！』というブログで、読者のみなさんに日々の生活の中でちょっとでも幸せを感じられるような「物事の考え方」や「可能性」についてお伝えしています。

このブログを書き始めたのは3年前からですが……

その数年前の20代の頃、僕は仕事も恋愛もお金も人間関係もうまくいかずに、家に引きこもり、ニートになり、うつ状態になり、死にたいとさえ思って生きていました。

そんな生活を脱したいと思い、俗に言う自己啓発本や精神世界系の本、ブログ、ネット記事、セミナーなどにも深くのめり込むようになります。

でも、そういった知識を入れても、うまくいく時とやはり元のダメな自分に戻ってしまう日が続きます。

「なぜうまくいかないんだろう?」

この疑問を持ち続けたある日、引きこもっていたベッドの上であることに気づきます。

「あ、うまくいかないのは、**心の問題ばかり考えていた**からだ!」と。

そうです、僕たちが生まれてきて持っているものは［心］と［体］、この2つです。

この世界では［上］があれば［下］がある。［男］がいれば［女］がいる。［表］があれば［裏］がある。というように必ず2つで1つのワンセットの構造になっています。

となると、**悩みや心配事、不安という目には見えない［心］の部分を解決しようと思えば、心だけでなく、［体］からアプローチすることも大切なのではないかと思った**のです。

心のことばかり一生懸命変えようと思っても変わらないなら、体から変えてみればいい！　そう気づいたのです。

それからというもの、僕は蓄えた知識と、自ら体験したこと、簡単にできるメソッドを実践しながらブログでもお伝えしていくうちに、人生が自分にとって都合良く展開していくようになりました。

そして、最終的に出た結論はこれでした。

「頑張りすぎていたんだな。もっともっと任せて良かったんだ」ということです。任せるとは潜在意識と呼ばれる【無意識】の部分にです。

僕たちが頑張って状況を変えようとしていたことは、【無意識】にとっては邪魔をされていたに過ぎなかったのです。

その手綱を緩めて、【無意識】に任せてみること。それが人生を幸せに過ごす鍵であり、願望を叶えたり、不安や悩みを解決するのに役立つのです。

もしかしたら今、この本を読んでるあなたも「頑張っているけどなんだかうまくいかない」と思ってるかもしれません。**でも、今までうまくいかなかったのは、頑張る方向を間違えていただけ**です。

今から僕がお伝えする方法で、今日から少しずつ【無意識】の領域に身を委ねてみませんか？

最初は怖いかもしれませんが、そうすればきっとあなたも「この私のままで幸せになっていいんだ」と気づけるはずです。

さあ！　それでは僕と一緒に悩みや不安や悲しみから卒業して、幸せな人生の旅に出かけましょう!!

頑張りすぎないで。その悩み、きっと無意識が解決してくれるよ！

第1章

自信を持つために、今できること

あなたの行動の9割を決定しているもの

「なぜあなたは今、この本を読んでいるのですか？」

今、自分にこの質問をぶつけてもらえますか？

そうすると、もちろん「悩みを解決するため」とか、「潜在意識に興味があって」とか、「望み通りの人生を生きたいから」とか、色々な理由が挙がってくると思います。

でも、それを突き詰めて考えると、例えば「悩みを解決するため」であれば、

自問その①　「なぜ悩みを解決しようと思ったのだろう？」

自答その①　**「嫌なことが起きて欲しくないから」**

自問その②　「なぜ嫌なことが起こると嫌なのだろう？」

自答その②　**「とても悲しい気持ちになるから」**

自問その③「なぜそれで自分は悲しい気持ちになるのだろう？」

……なぜ？ なぜ？ ……とさらにずーっと突き詰めていくと、最後には

最後の自答「**なぜって言われても…よく分からないよ！**」

と答えることになるでしょう。

そもそもあなたは、どれぐらいの握力で本を掴み…親指と人指し指を動かしページをめくり…といちいち考えながら本を読んでいますか？

あなたがこの本を手にとったわずか前に無意識が働いて、この本に視線がいくようになっていたはずです。そして、あなたは気になって本をとってみようとしました。

そうなんです、**僕たちが行動した元を辿っていけばいくほど、自分では答えが見つからない**のです。

あなたがいつも靴を右足（左足）から履いているのにも理由がありますか？ なぜ？と聞かれても答えられないように、日々の生活の中であなたがやっていることのほとんどが無意識で動かされているのです。

これがあなたのコントロールできない『潜在意識』とか『無意識』と呼ばれるチカラです！

それを**僕たちは自分のチカラで意識してコントロールしていると思い込んでいるから、悩み苦しみ、不安に駆られイライラする**のです。

冒頭でも書いたように僕は20代の頃、仕事も人間関係もうまくいかず、引きこもっていた時期があります。その時に救いを求めたのが潜在意識の世界でした。

自分のチカラではどうしようもないなら、〝人の行動の9割を支配している〟と言われる潜在意識に頼るしかないと思ったからです。

そこで**潜在意識や無意識と呼ばれるもののチカラを確かめるために、僕は『ランダムスケッチ』という遊びを兼ねた実験をしてみました。**

そして、その実験を終え、目を開けると、あることに気づいたのです。

必要なものは「1枚の紙」と「ペン」の2つ。目を閉じて、用意した紙にペンでひたすら適当に点を打っていくというだけです。あなたもどうぞやってみてください。

ただし、ここで気をつけることは、同じ場所に点を打たないこと。紙のあらゆるところに**意識的に不規則**（ランダム）に点を打ってみてください。

時間も適当で構わないのですが、あまり短いと効果が分かりにくいので、1分ほどやることをオススメします。

とにかく点を打ちまくる。それだけです。

目を閉じているあなたに「目を開けて！」とお願いするのは酷ですが…目を開けてください。紙を見ると、あることに気づきませんか？

いくら不規則（ランダム）に点を打ち続けてるつもりでも、ある一定のところから規則的に円形に点を打っているではありませんか!!

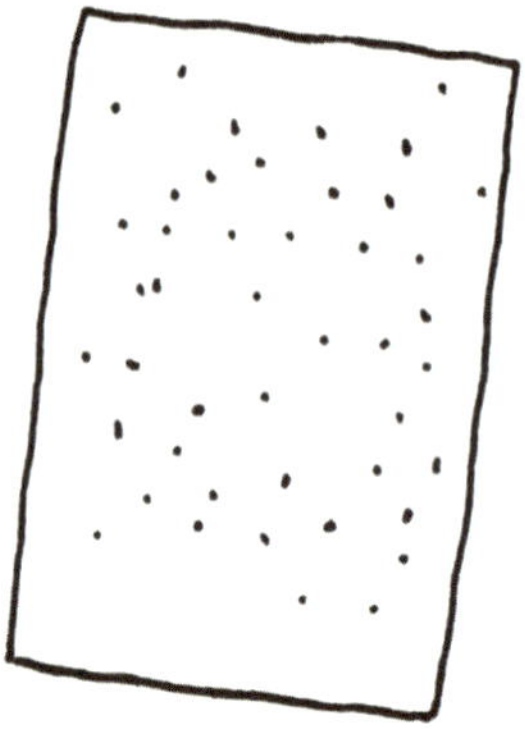

もちろん綺麗な円ではありませんが、それでも紙に描いた円に沿うように点を打っていることがその実験で分かったのです。

この実験が、僕たちがいくら不完全だとか不規則だとかを表面意識で思っていても、**無意識の世界には【規則性】や【完璧な秩序】がある**ということを教えてくれたのです。

また、「無意識（潜在意識）」という言葉が出てくると怪しいなと思われるかもしれませんが、このチカラは僕たちの生命活動を維持してくれている大事なチカラでもあります（潜在意識がストップした瞬間、あなたは…死にます）。

僕たちが寝ている間も心臓を動かし、全身に血液を巡らせたり、呼吸をしたり内臓器官で消化活動してくれているのもこの潜在意識のおかげです。

さらに、どんなに暑い地域や極寒の地域に行っても、潜在意識のおかげであなたの体温はいつでも一定に保たれています。

ということは**身体的な活動はこの潜在意識によってコントロールされている**わけです。

心はあなたが好きなように思ったり、考えたりできますね？　でもあなたがどれだけロック（音楽）が好きだからと言っても、鼓動を自らの意思で速めてノリノリにすることはできません。

つまり、思考や感情などの「心」は技術さえあればあなた自身でコントロールできます。ですが、姿勢や呼吸、手足の動きといった目に見える「体」は差し置いて、代謝や鼓動など目に見えない部分の「体」はコントロールできないのです。

でも、この見えない部分を含めた「体」を変えていくことが、悩みや不安を解決するために重要だ！　と0章でお伝えさせていただきました。

そうです、「心」と「体」の両面から潜在意識に働きかけること。このバランスをとることこそが悩める僕たちにとって必要な考え方だと言えます。

よく自己啓発本やセミナーを受けても人が変わらないのは、『物事の見方』が変わっただけだからです。

しばらくの間は何を見ても聞いても今までと違う見方ができるようになったから、変化が起きているように錯覚します。

でも、人間は習慣の生物。慣れが必ずやってきます。

すると、今まで違うモノの見方をしていたことも『固定化』されていきます。

こうなると、また新しい刺激が欲しくなって違う人の本やセミナーへと意識が向くわけです。

いや、何もそういった本やセミナーが悪いって言ってる訳ではないですからね（そもそも僕だって、たまにトークショーやってるし。汗）！

大事なのは『意識』を変えられるかです!!

見方を変えるということももちろん大切です。でも、あなたが正しいと思っている見方は数年後、数十年後も正しいと言えますか？

それよりも〝見方を変えるということは大切〟という考えはそのままに、いつでもその〝見方そのものは変化できる〟という柔軟な意識を持つことのほうがより大切です。

こう言うと、「常に変化していく考えを持てばいいんじゃないの？」と思われるかもしれません。

でも、常に変化していくことをあなたはできますか？

極端な話、毎日、違う人と違う場所で違う仕事をしたり、毎日、帰る家が違うことにも耐えられますか？

できるという人もいるでしょうが、そういう人はそもそもこの本を手にとってないでしょう。

ほとんどの人がそんな緊張感溢れた、スリルのある生活は望んでいないはずです。

だからこそ、何度も言いますがバランスが大事なのです。

この世界に生まれてきて、あなたは「心」だけで生きてるわけでも、「肉体」だけで生きてるわけでもありません。

両方を兼ね備えて生きています。どちらかだけを重視するのではなく、「心」と「体」どちらも大事だということにまず気づくべきです。

そして、無意識のチカラがほとんどを占めて僕たちの日常の動きをコントロールしているわけですから、いかにその無意識がチカラを発揮できるかに意識を向けるべきです。

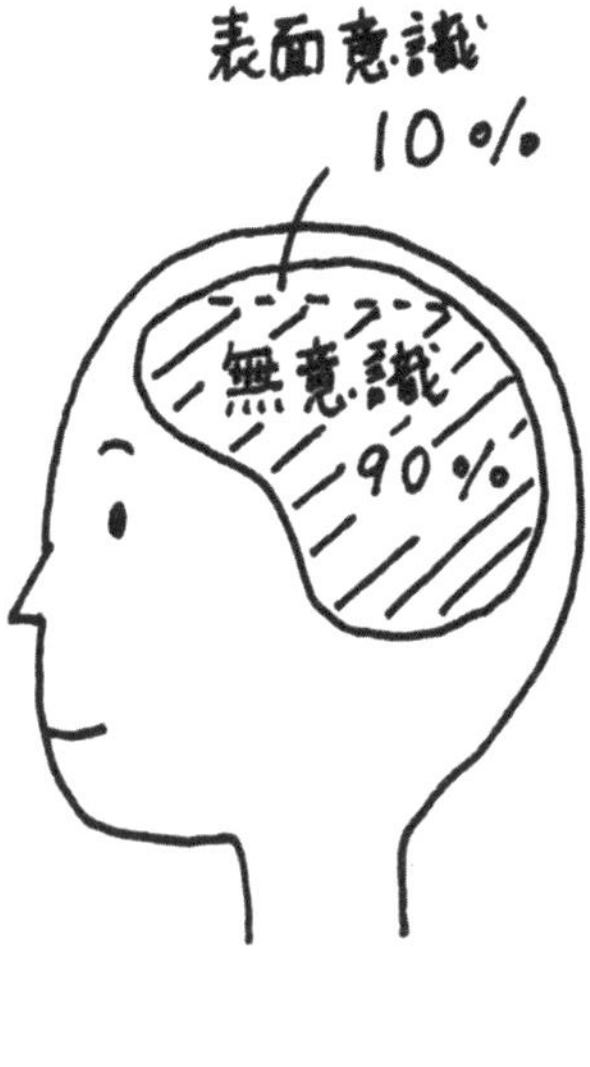

無意識が9割と言われますが、この事実ももしかしたら間違っているかもしれません。

それは日々、僕たちの意識してることは変わるので、正確なデータなど取りようがないからです。

人間の細胞も60～80兆個あると言われてますが、毎日死んでは生まれ、死んでは生まれているので正確な数字は分かりません。

代謝を繰り返すことで僕たちの体は健康でいられます。

つまり、潜在意識というのは変化こそが安定だということです。

水も器に溜めたままでは腐ってしまうように、流れていれば、きれいな水であり続けます。

あなたが**「コントロールして望みを叶えようとすること」は無意識の領域の働きを堰き止めているのと同じこと。**

それをやめることがまずは幸せな人生に向けての第一歩です。

「心」と「体」、この2つがあって初めて、「あなた」が成立している。

自信は「かもしれない」の積み重ね

あなたが望みを叶えようとしたり、不安や悩みを解消したいと思う時に、最初にぶつかる壁があります。

それは「自信がない」です。

自信があればそもそも不安は湧いてきません。自信がないからこそ、「本当にこの願いは叶うのかな？」とか「この先、うまくいくとは思えない」と感じてしまうのです。

でも僕たち人間は、
誰もが自信たっぷりで生まれてきます。

「いやぁ、ちょっとまだ立ち上がる自信がないでちゅ～」

とか、

「2歩も3歩も歩くなんて絶対無理でしゅよ！　寝返りだけで精一杯でちゅ！」

と言って、一生寝たままの赤ちゃんをいまだかつて、僕は見たことがありません。

良いか・悪いかは別にして、本来なら赤ちゃんはずーっと寝てても怒られないし、食べるものにだって困らないし、泣いたらおむつも替えてもらえるのだから、起き上がる必要はないはずです（う、うらやましい）。

それでもやがて赤ちゃんは、親に「立ちなさい。歩きなさい。話しなさい」と言われてもないのに、自分の意思で立ち上がり、歩き、言葉を話します。

そして、何度転んでも立ち上がり、最後には2本の足でちゃんと歩きます。


つまり、**生まれながらにして自信を持ち合わせてるのに、あなたがもし「自信がない」と言うのであれば、それは持ってないかのように錯覚しているだけ**です。

では、いつから僕たちは、自信を失ったように感じ始めるのでしょうか？

それは例えば、

オモチャを買って欲しいと駄々をこねたら、「泣いてもダメ！　お家にたくさんあるでしょ。我慢しなさい！」と怒られた時かもしれません（我慢しないといけない）。

好き嫌いをすれば「大きくなれないから、食べなさい！」（好き嫌いしてはいけない）、大好きなプリンを2個食べようとしたら、「欲張っちゃダメ！　お兄ちゃん（お姉ちゃん）なんだから弟（妹）にあげなさい！」（欲張りしてはいけない）

などと言われた時かもしれません。

そう、**ほとんどが幼少の時に親をはじめとして周囲から入ってきた情報が自信を失うきっかけになっています。**

他にも、

「早く支度しなさい。あなたはいつものろいんだから、学校に遅刻するわよ」

「勉強頑張らないと、将来、苦労するよ」

「就活を今ちゃんとしておかないと、正社員として就職できないよ」

「そろそろ結婚考えなきゃ、子どもを産むのが大変よ」

こういったことを成長と共に多くの人が言われてきたことでしょう。

赤ちゃんの頃は何をしても怒られるどころか、「上手にできたね〜！　えらいね〜！」って手放しで褒めてもらってたのにです（う、うらやましい　パート2）。

もちろん、親は良かれと思ってやっていることでしょうが、成長するにつれ、

「〇〇しちゃダメ！　〇〇にしなさい！」

「隣の子ができたんだから、あなたもできるわよね」

「あれよりこっちにしたほうがいいんじゃない？　〇〇じゃなきゃダメよ」

と手の平を返したかのように言い、アナタの中には「ダメ！」という禁止事項が植えつけられていきます。

つまり、**無意識に「（その行為を）簡単に許してはダメ。何かをするには許可がいる」という思いが刷り込まれていくというわけです。**

こうして、「自分の気持ちは抑えて生きていかないといけないんだ」と、知らず知らずのうちに思い込まされていきます。

さらに、この思い込みは親に限ったことではなく、学校やメディアや周囲の環境全てに影響されてでき上がっていきます。

そして、**人生全般において、自分の中で誰に言われてもないのにルールや条件をつけるようになっていく**のです。

具体的には、「努力をこれだけしたから、ご褒美をもらってもいい」とか、「幸せになるには、怠けてはいけない。一生懸命努力しないといけない」といったようなものです。

そして、いつしか自分の中で、【条件が整うまでは許可を下ろせない】ようになっていきます。

だから、**良い気分になっても良い思考をしても、ポジティブになっても、許可が下りない限りは良いことが起きません。**

そういう人は

「良い気分になってもうまくいくとは限らない。今までもそうだったから」

「今、調子が良いと、後でしっぺ返しを喰らうかも」

といったような、全くもって意味不明なルールや条件を自分自身につけているのかもしれません。

こういった人たちはよく、「私には自信がないんです！」や「願望を叶える潜在意識のチカラを信じられないんです」といった発言をします。

この2つの発言には、ある共通点があるのですか、お分かりになりますか？

実は、この2つ……

思いっきり自信満々に「自信がない！」と言っています。

自信たっぷり、それを100％疑うことなくです（笑）！

それはつまり、〝信じられない、を信じてる〟わけですよね。
そう、どのみち、僕たちは何かを信じることしかできないのです。

信じられないを
信じる教へようこそ!
信じられない

「レモンをかじらない自分をイメージしてください」

と言われて、本当に「レモンをかじっていない自分」をイメージできた人はいますか?

なんなら、「がっつりレモンをかじっている自分」のイメージと、かじってもいないのに唾液が出てきたはずです。

このように、**潜在意識は【否定形】が存在しないのと【現実とイメージの区別】がつかないのが特徴**です。

そう考えると、「自信がない」とか「潜在意識を信じられない」と自信満々に言ってるあなたは、自覚はないけど、本当は自信たっぷりなはずです。

あなたには見えてないだけ、感じないだけでちゃーんと存在しています。だから「自信」がないのではなく、元々「自信があること」を忘れているだけなんです。

なぜなら潜在意識という言葉を見てもらっても分かるように『潜』めて『在』る『意識』だからです。

では、なぜ僕たちは自信がないと思ってしまうのでしょうか？

1つは、**あなたが、「人」や「モノ」に依存したり、世間や周囲の評価に心をゆだねてしまっているから**です。

「信」じるという字も、「人」が「言」う、となっているように、人の言葉とは、影響力が大きいもの。

周りの人たちがあなたに向けて言った言葉を、【良い・悪い】関係なく、あなたの無意識は受け入れ、『自分はこういう人間なんだ』という信念ができ上がっていきます。

そうやって、外の世界に振り回されすぎたあなたは、「自分はダメなヤツだ。価値がないんだ」と、知らないうちにどんどん自己肯定感を下げていきます。

その結果、「自分には自信がない」と思い込んでしまうのです。

もう1つは、**あなたが「0」か「100」かの世界で生きているから**です。

だから、本やブログやセミナーなんかで、「ネガティブなこともポジティブなことも全て受け入れましょう」とか、「許しましょう」とか言われると、100%認めたり、許したりしなきゃいけないような気になってきます。

すると、「認められない自分はダメなんだ」、「許せない自分は心がせまいんだ」と自己否定して結局、「自信がない」と思ってしまうのです。

ところが、自信というのは根拠がありません。条件もありません。そして何かをしたら自信が得られるというものでもありません。


「なんだか分からないけど願いが叶うかもしれない」

「この事業はうまくいくかもしれない」

「もしかしたら失敗するかもしれない」

「宝くじが当たるかもしれない」

「私は雨女だから、次のデートも雨かもしれない」


こういった**「かもしれない」の積み重ねによって、ポジティブなことであれ、ネガティブなことであれ、自信というのは形成されていきます。**さらにそれを達成した時の実績によって、その自信を強化していくのです。

でも最初にふと思う「かもしれない」にはどこにも根拠がありません。

だったら、**まずは「自分にとって都合の良い可能性が、あるかもしれない」と思うだけ**

でいいんです。
「自信」というのは、【かもしれない＝可能性】の積み重ねなのですから。

赤ちゃんだって何度転んでも立ち上がり歩こうとするように――
「次はいけるかもしれない。次こそは立てるかもしれない！」の連続であり積み重ねなんです。
そうしてあなたは何度転んでも立ち上がってきたじゃないですか。

歩けるようになったじゃないですか。

どうして赤ちゃんには「うまくいくかもしれない」と思うことができて、僕たち大人にはできないのですか？

「それでも次はうまくいくかもしれない」って**何度失敗しても、可能性を１％だけでも認め続けた時、あなたに自信がつくようになっています。**


赤ちゃんにもできることが、僕たち大人にできない訳がないじゃない！

肩より上で全てが決まる「自信」

「自信のある人はどんなイメージですか？」

きっと、

「余裕がある（ランチを笑顔で奢れる）」

「常に笑顔でいる（ついたあだ名は「Mr．言葉のサンドバッグ」）」

「言葉や態度が大らかで包容力がある（こんな人に包まれて眠りたい）」

といったイメージでしょうか？

でもそれを頭で分かっていても、いざ自分がそういったことをできるかと言ったら難しいでしょう（個人的には、特にランチがきつい）。

この原因は、あなたが「何かを成し遂げた実績がない」と思っているからです。

実績がないから自信が湧いてこない。
➡だから「実績を挙げなきゃ!」という思いになる。
➡でも、実績を挙げるには自信が必要になる。
➡自信をつけるには実績が必要。
……。これでは堂々巡りで一向に自信など湧いてきません。

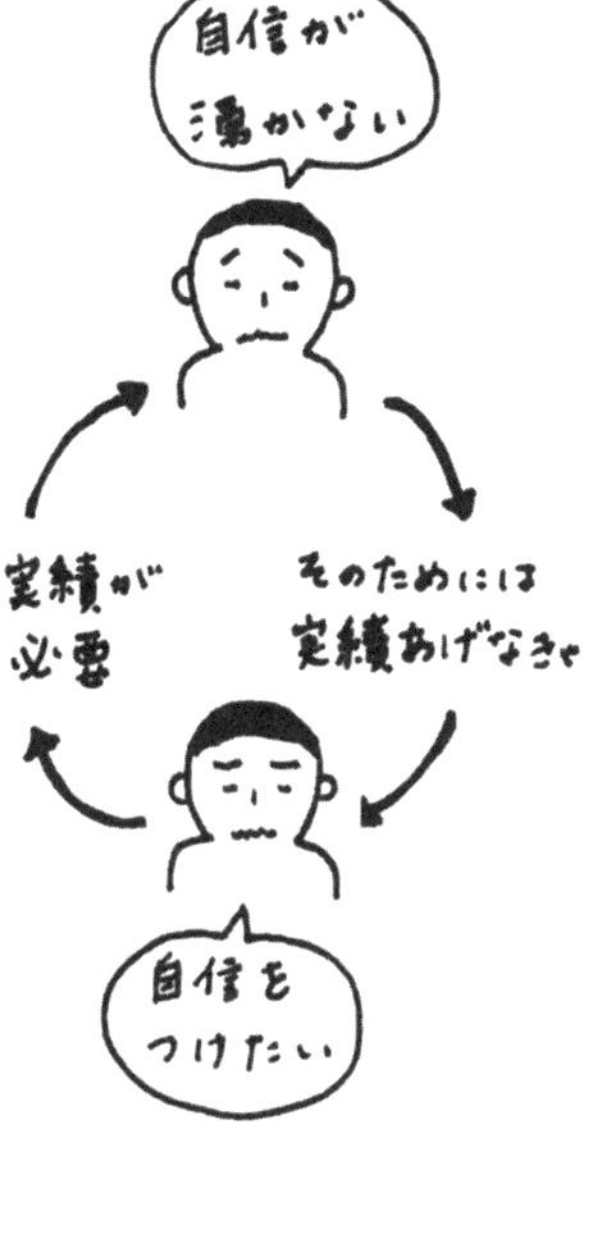

そこで、僕が自分に自信をつけるためにやっていたことをご紹介します。

僕が身体的なことにアプローチしていく上で大事にしていたのは、ブラフ（ふりをする）でした。ただ単純に自信のあるように振る舞ったり、余裕のある対応を心がけたりするのではありません。

先ほども身体的なアプローチと言った通り、**人間は外側からの刺激を与えたり、変化を加えることで内面（心）にも影響を及ぼします。**

現に男性であればスーツやタキシードを着ると背筋が伸びて紳士的な気持ちになったり、女性であればラグジュアリーなドレスを着てパーティーに出ると、それに相応しい態度に知らず知らずのうちになっているはずです。

また、明るい気持ちで前向きな時は、体も軽く感じるし、反対に、体調が悪い時は、気持ちが沈んだりしますよね。

こういったことから、心と体はリンクしていると言えます。

ですから、身体的なブラフ（ふり）をすることで、心にも自信を湧き上がらせることができるというわけです。

メソッド①：余裕シャクシャクメソッド

やり方

1 鏡に映った自分を見て、口角を2ミリ上げる。この時、笑顔は作らなくて大丈夫！

2 口角を上げたまま、肩より上の位置で片手でも両手でもいいのでガッツポーズをする

3 鏡を見るたびにやってみる

4 7日間続けてみる（もっとやりたい人は続けてみてください）

たったこれだけです。

「笑顔」は余計な力が抜けて、脳内にα波というリラックス状態（余裕のある状態）を作る脳波を出す、と言われています。

いきなり「笑え」と言われても照れがあったり、「面白くもないのに笑えないよ」と思うことでしょう。

そして、そういう人に「面白くなくても先に笑うと楽しくなってくるよ」と言っても、分かってはいるけどできないのがオチです。

だったら笑わなくていい。

ほんのちょっと（たったの2ミリ！）口角を上げるだけならできそうな気がしませんか？

これを人前で会話する時、相手の話を聞いてる時にも、口角を上げてうなずきながら聞いているだけで（心では、今晩のおかずのことを考えていても）、相手にとってはあなたが落ち着きや余裕があって、全て包み込んでくれそうな人物のように見えてくるのです。

さらに**「肩より上の位置でのガッツポーズ」ですが、人は肩より上で動作を行うと自信があるように他人からは見えるもの**なのです。

例えば、今言ったガッツポーズもそうですし、バンザイやハイタッチ、それに、デモ行進で握り拳を振り上げることも「強い気持ち」を表しています。

またお祭りでの踊り（阿波踊りやソーラン節など）の振り付けや、コンサートで手を振り上げ声援を送る時も、全て手を肩の上にあげる格好になっています。

なぜなら高揚感を表そうとすると、人は自然と、手が肩より上へと上がっていくからです。

だったら考えるよりも先に高揚感を表すポーズをとれば、後から自信もそこに湧いてくるのです。何か目標を達成して「ヤッター！」と言っているイメージでガッツポーズしましょう。

そして、このメソッドを出かける前や、出先で鏡がある場所（ただし人目は気にしてね！

自信がある人を通り越して、変な人に見られます）などなど1日に何度もやってみてください。
もちろん、鏡がない場所でやっても構いません。

ただ、鏡を見ることは客観的に見える自分自身に対して、

「自信があるから私はこういったポーズがとれるんだ！」

というメッセージを無意識に投げかける効果があるので、鏡を見ながらやるほうがより良いでしょう。

そして、まずは7日間（1週間）チャレンジしてみてください。
僕の経験上、1ヶ月続けるとなると面倒だと思うし、3日だと短すぎて効果すら実感できないまま終わります。でも、「まずは7日」だと思って気楽にやり始めたら案外、続く

ものでした。

また、この「7」という数字ですが、1週間も「7」日だし、ドレミの音階も「7」音で1オクターブです。そして、体の全細胞が入れ替わるのも「7」年と言われています。

つまり、**身の回りに存在する「ぐるっと1周回るもの」は、「7」にまつわるものばかり**なのです。

そして【7】という数字は、

1÷7＝0.142857142857…

2÷7＝0.285714285714285714285714285714285714…

3÷7＝0.428571428571428571428571428571428571428571428571…

4÷7＝0.571428571428571428571428571428571428571428571…

5÷7＝0.714285714285714285714285714285…

6÷7＝0.857142857142857142857142857142857142857…

というようにどの数字を【7】で割っても、【142857】をぐるぐる循環（繰り返し）する「循環小数」とも呼ばれます。

ですから、**何かをまず継続させたい、習慣化させたい時には、この【7】という数字を目安にして、これからご紹介していくメソッドもまずは7日間やってみることをオススメします。**

【7】にまつわる話もばっちり決まったことなので、せっかくですから、もう1つ、自信が湧いてくるメソッドを紹介して、この章を締めくくることにしましょう。

メソッド②：リメンバーメソッド

やり方

1 常に、肩甲骨を2～3センチ引き寄せた姿勢をとる

2 胸を張らずに、みぞおち部分を斜め45度上から吊り上げられるイメージで、「自信があることを思い出す」と左手でみぞおちを軽くたたきながら言葉にする

3 7日間続けてみる

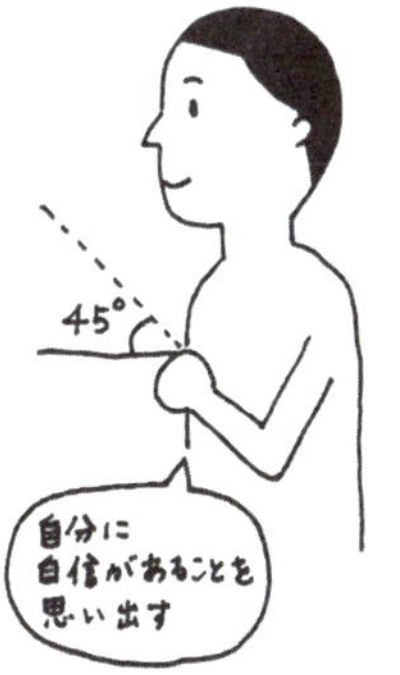

「自信のない人」というのは往々にしてそれが態度や姿勢にも表れます。

猫背のような姿勢にもなるし、視線も下がってきます。

つまり心の内面が外側の体に表れてきているということです。

そこで、このメソッドの姿勢を保ち、意識的に背中から腰にかけて人間にとって自然な湾曲を作ることで、心にアプローチするのです。

すると、**パソコンを打ったり、長時間立っていても疲れにくくなります。**


そして、この「みぞおち部分」というのは、1番から12番まである胸椎の中で「12番」という位置。

この12番の位置は、人間が歩く時に上半身と下半身の動きのズレを吸収する場所でもあり、左右に体をねじったり、回転運動でも使う場所です。

つまり、ちょうど身体の中心部に位置し、重要な働きをしている場所なのです。

その部分を意識した姿勢をとるということは、**軸がブレないようになる**ということでもあります。

この「軸がしっかりとした姿勢をとる」ということは、自信という見えない心の部分もブレなくなるということにつながってきます。

今まで心のことばかりに意識をとらわれ、

「このままじゃダメだ！　自信を持たなくちゃ！」

とか

「自分には努力も実績も足りない。もっと頑張らないと！」

とあなたは思ってきたかもしれません。

でも、心と体が連関しているなら、こうして簡単に行えるメソッドで、外側からアプローチすることは心にとっても有効なはず。

そして、忘れていただけの「自信」を「思い出す」という言葉で、無意識に意識させてみてください。

引きこもりだった僕自身も、少なからずこれらのメソッドを通して、「このままでも大丈夫かもしれない」という根拠のない自信が湧いてきました。

すると不思議なことに「次はああしたい、こうしたい」という思いも湧いてきます。

頭で考えるのをやめ、体を動かしただけなのに。

どうしても「自分の考えのどこがいけなかったんだろう？」と頭で色々と考えてしまいがちなあなたへ。
身体的なアプローチもしてみて「心」と「体」のバランスをとることをぜひオススメします。

考えるより先に、「自信」を感じよう。

第2章

不安や悩みにさようなら！

「でも…」という思考の罠

1章でお伝えしたメソッドを実践したところであなたはこう言うかもしれません。

「確かに自信が湧いてくるような気はする。でもそれって気休めじゃないの？」と。

それ、僕が引きこもりだった時にも全く同じことを思いましたから、その気持ちはとってもよく分かります。

そうです。あなたがこのメソッドを実践したところで、1人、部屋の中でじっとしているだけでは、あなたの人生や世界は何も変わりません。

当然ですが、行動を起こして初めて、良いにしろ悪いにしろ変化を感じることができるのです。

僕たちは外の世界に飛び出して、色々な人と関わり合いながら生きています。そして、その人たちと比較して自信を失ったり、反対に誰かに褒めてもらったりして自信を得たりしています。

そこで言えることは、**どんな人も例外なく、誰かのチカラを借りてここまで生きてきたはずだ、ということ**です。

「いやいや俺は天涯孤独!! 誰のチカラも借りずにここまでやってきたぜ!」

っていう狼すぎる人間がいたとしても、人間である以上、お母さんのチカラを借りてお腹から生まれた時点で、誰かのチカラを借りている、ということになります。

自信を得たり失ったりをくり返しながら生きてきた僕たちも、かつてはスーパーヒーローや魔法使いのように、なんでもできるパワーがあると自信満々に思っていました。それなのに、大きくなるにつれて、少しずつこの世界の現実が分かってきて、自分で「できること」と「できないこと」が分かるようになってきます。

そして、自分の本当にやりたいことに出会っても、自分の能力や才能、人との比較、世間体、さらに過去の実績を思い出して、それが本当に自分にできることかどうかに悩み、時に不安や心配にもなります。

では、なぜ人は自分のやりたいことや夢や目標に対して、不安になったり悩んだりするのでしょう？

それは、**挑戦する前から「夢や願いを叶えられるかな？」と〝頭で考えてしまうから〟**です。

あれ？　この答えに拍子抜けしました？

極端な例にはなりますが、あなたが今日、初めて会う「佐藤さん」を街で捜しているとしましょう。

……ん？　突然ですが、ここでトラブル発生です。あなたの携帯電話の電池が切れました。そして、公衆電話も近くにはありません。そしてそして……

あったとしても佐藤さんの電話番号が分かりません（顔面蒼白）！

こういった訳で、事前に聞いていた佐藤さんの特徴だけを頼りに、あなたは佐藤さんを捜すことになったとします。

こんな時、あなたは「あの人が佐藤さんかな？　いや、あっちの人が佐藤さんっぽいぞ！　ん？　ちょっと待てよ……。

もしかしたら隣にいるこの人が佐藤さんかな？」と考えを巡らすかもしれません。

でも実は、悩むより先に、手っ取り早く佐藤さんを見つける方法があります。

それは……

佐藤さんかなと思う人に1人ずつ声をかけることです（笑）。

「あなたが、佐藤さんですか？」って、1人ずつに聞いていくのです。

仮に、「いいえ、違います」と言われたら、あなたは夜も眠れないくらいに落ち込みますか？

「佐藤さんと違った‼　どうしよう！　もう立ち直れない！」なんて思わないでしょ？

また違う人に声をかければ済むだけの話です。そうすれば佐藤さんかどうかは、すぐに分かります。

さて、この例を見て、バカバカしいと思ったあなた。

人はこれと同じことを自分が悩んでいる時にやっています。

「うまくいくかな？　大丈夫かな？」、いくらそう考えてもうまくいくかどうかは決して分かりません。

行動した時に初めてそれがうまくいくかどうか分かるのですから。もちろんそんなこと、あなたは分かっているはずです。でも行動に移せないから困ってるんですよね。

では、なぜ行動に移せないのでしょう？　その時、人は2つの思考パターンに陥っています。

原因① 「でも…」という思考の罠にハマっている。

原因② 習慣として同じ行動を繰り返しているから、思考パターンも同じになる。

まず、①の〝「でも…」という思考の罠にハマっている〟についてですが、人は何かを始めようとしたり、挑戦したりする時、さっきも言ったように過去の自分のデータや実績で判断して「でも…できない」と結論づけてしまいます。

・でも…お金がないからデキナイ
・でも…才能がないからデキナイ
・でも…もう若くないからデキナイ
・でも…仲間がいないからデキナイ
・でも…主婦で家事も育児もして時間がないからデキナイ
・でも…経験がないからデキナイ
・でも…今まで自分のやってきたことは、うまくいったためしがないからデキナイ

・でも…知識がないからデキナイ

でも…でも…でも…。

考え始めるといくらでも、デキナイ理由が出てきます。この時、あなたの思考はどうなっているのでしょうか？

本当に「やってやろう！」「挑戦してやろう！」という気持ちになっているでしょうか？

いいえ、「でも…」という思考が出てきている間中ずーっと、「やらない」を選択しているはずです。つまり、〝やらないで済む理由〟を無意識で探しているのです。

人はデキナイ理由をつけて『やらない』だけ。

そう、デキナイのではなくやらないだけだし、心の奥深くでは本当はやりたくないのです。そしてそれは、「やってみて失敗したらみっともない」とか、「傷つく」とか「立ち直れない」といった心配ばかりを先に考えてしまったり、恐れがあるからです。


過去の僕自身もいざ仕事を探そうとした時、

「でも、本当に新しい仕事見つかるのかな？」

「でも、過去の経歴を判断されたら落ちるだろうな」

「でも、今さら良い仕事なんて見つかるはずがない」

など、すぐに「やらない（仕事をしない）」理由を探していました。

なぜなら、**仕事をしなくても（家族の援助で）生活できるし、そのほうが楽だったから**です（お母さん、ごめんなさい）。人は劇的な事件か環境の変化があって変わらざるを得ない限り、変わる決心をしないものです。


さて、ここまではあなたもすでに世にある本やセミナーなどを通して知っていることかもしれません。でも、肝心なのはここからです。

僕がお伝えしたいのは、「そこをもう一歩踏み込んでチャレンジしてみましょう」とか「もう少し前向きにポジティブに考えてみましょう」とかいったものではありません。

あなたも「そんなことぐらい分かってるよ！」と思ってるでしょうしね。

それに、そういったことができるぐらいならもうすでに色々なことにチャレンジしてるし、この本だって手に取ってないと思います。

僕がこの本であなたに言いたいのは、

『思考の転換』つまり、『色々な可能性を見てください』ということです。

色々な可能性というのは、何も斬新でなければならないとか、全くのオリジナルでなければならないということではありません。

組み合わせを変えてみるということも1つの可能性です。

それではこのことについて、人間に「でも…」の罠を仕掛けるプロ【お金】を例にとって、ご説明してみましょう。


ある男性の夢は「独立すること」。しかし、すぐに壁にぶつかります。

「独立したい！　**でも……お金がないからデキナイ**」

さっそく【お金】が罠を仕掛けました。


この男性は【お金がないから独立デキナイ問題】を解決すべく「そうは言っても、誰かにお金を借りることはできるかもしれない！」と考えます。

ですが、それでもやはり【お金】は手強い!!

「**でも……**借りたお金を返せるかな？」とまたここで新たに「でも…」の思考の罠に男性をハマらせます。

それでは今までと同じ堂々巡り。そこで、その罠から救うために、僕は男性の前に現れました（後光が差すイメージで）！

フトシ「パッパカパーン！　ねえ、君にオススメのメソッドがあるんだけど、試してみない？」

男「だ、誰だよお前！　そんなふざけたこと言ってないで、金よこせ！」

フトシ「……」

はい。……というわけで、寸劇はこの辺にして、この問題を解決するメソッドの紹介に移りましょう。

メソッド③：リバースメソッド

やり方

1 — 自分が今、やりたいこと・夢・目標としてることを思い浮かべる

2 — その時に湧き出る「でも…」というデキナイ理由があれば書き留める

例）「独立して起業する！　でも、お金がないからできない」

3 — 「でも」の前後の文章を入れ替える

例）「お金がないからできない……でも、独立して起業する！」

脳の働きの1つとして、意識の終点を現象化（意識として上がってきて目に映る）**する、というものがあります。**

【今】という瞬間の積み重ねを生きている僕たちですから、いつだって最後の部分（意識の終点）が【今】という瞬間なのです。

だから、あなたがやりたいことを思い浮かべた時に同時に「でも……」という考えが湧いてきたら、「でも……」の前後の文章を入れ替えれば、最後にくるのはあなたにとって都合の良い言葉になります。

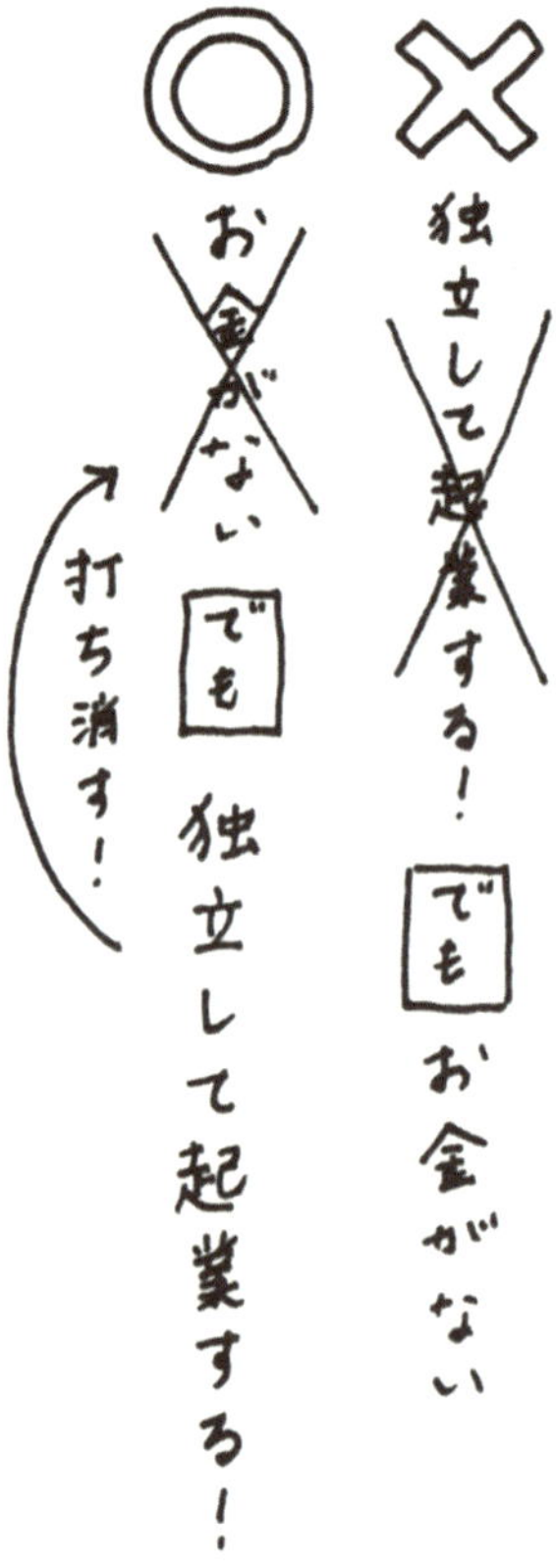

×
独立して起業する！
でも
お金がない
◎
お金がない
でも
独立して起業する！
打ち消す！

つまり、無意識下には最後の「独立して起業する！」や「素敵なパートナーと結婚する！」という言葉だけが残るのです。

そうすると、**この終点である願望に見合う、情報や出会いをあなたは意識することになるので、その分だけあなたのやりたいことや願いが成就しやすくなります。**

何より、【デキナイ理由】を考えちゃダメ！　と言ってるのではないことがあなたにとって気持ちが楽になることでしょう。

考えるなと言われれば言われるほど考えてしまいますからね。

【デキナイ理由】があってもいいんです。「でも……」を使ってもいいんです。

今まではそこを無理に見ないようにしたり、変えようとしていたから苦しかったのではないですか？

普通なら、【デキナイ理由】を挙げずに、もしくは、「でも……」という言葉を使わないようにして、【やる！　という意思】だけを全面に押し出すことをさせがちです。でも、

このメソッドは、ただ言葉の並びを変えるだけ。

これなら、安心して【デキナイ理由】を挙げることができますね！

さらに普段の生活でも、ついネガティブなことを言ってしまいがちですが、その**語尾に常に「でも+ポジティブな言葉」を付け足して、終わらせてみるのはどうでしょう。**

「今日からまた仕事か。憂鬱だなぁ。**でも、帰りに大好きなスイーツ買って帰ろう！**」

「今日も、赤ちゃんの子守……最近めっちゃ泣くのよね。**でも、やっぱりこの子の笑顔ってかわいいいわ!!**」

「また上司に怒られた！　**でも、怒ることも大変だしな。俺の上司、スゲー！**」

などなど、ほら、気分も変わってきませんか？

今までの本やセミナーなどでは、【デキナイ理由】を【これなら自分にはできる！】に置き換えることがほとんどだったのではないでしょうか？

でも、僕が伝えたいことは違います。

今までの思考や感情を無理に変えたり、排除しようとせず、そのまま生かした状態で少しだけ〝意識の向き〟を変えてみる、もしくは逆手にとってあらゆる可能性を考えてみるということです。

「○○がしたい！　でも、■■がない」じゃなくて、
「■■がない。でも、○○できる！」に並べ替えよう！

習慣をほんのちょっと変えてみる

次にやりたいことがあっても行動に移せない原因②の〝習慣として同じ行動を繰り返しているから、思考パターンも同じになる〟について解説していきましょう。

大半の人が毎日同じ生活の繰り返しをしているはずです。

思い出してみてください。仕事にしろ、学校にしろ、家事や育児をするにしたって、大体、毎日同じ時間に起きて、出かける前の支度の段取りもパターンが決まっていませんか？

それに、通勤通学に乗る電車やバスの時刻も同じだし、なんだったら同じ車両の同じ席に座る人がほとんどじゃないですか？

お風呂に入って体を洗う時はどこから洗っていますか？

歯磨きをする時はどの歯から磨きますか？
ご飯を食べる時は、味噌汁、ごはん、おかず、どれから箸をつけますか？
仕事の帰り道、同じ道を通って帰っていませんか（しかも必ず左側に寄って歩くとか）？

これら全ての動作が、ほとんど意識せず、毎日同じ手順で動いているはずです。段取りを組んでやってるように見えて、自分の習慣パターンで動いています。

こんな風に、1日のほとんどがあらゆる習慣で固められているので、自分の意識で動いているようで、「無意識に動かされている」と言っても過言ではありません。

実は、こうして無意識で体を動かしている間中ずーっと、表面意識がつかさどる思考だけが自由になります。

だから、**「ああでもない、こうでもない」とたくさん考え事をしてしまう。これが、過去を悔やんだり、未来を心配したり不安になったりする理由**です。

つまり、あなたにとって習慣で動いていることがあればあるほど、思考は野放し状態になり意識が【今】に生きれず、未来や過去に生きてしまうということです。

慣れないことをしたり、新しいことを始めた時は、そのことに集中するので必ず意識や思考は【今】にあります。そのため、本来であれば変化し続ければ、思考のコントロール

はできます。しかし僕たち人間は、習慣的に動くことがあまりにも多いため、それができずに、多くの人はネガティブな思いに駆られたりして一定の思考を保つことが難しくなります。

よく精神世界やスピリチュアルな世界で言われるのが「【今】に戻ってくるようにしましょう」とか、「【今】を生きましょう」ということですが、なかなかそうはいきません。

そこで、【今】を生きるために、まずは**無意識を意識してみて**ください。つまり、習慣や反応に目を向けてみて欲しいのです。

は！　また今日も起きてすぐにメールをチェックしてた！
は！　また今日もリビングから掃除機をかけてた！
は！　また今日も嫌なことがあったから自分を責めてしまった！
は！　また今日も人の厚意を遠慮して、断ってしまった！

こんな風に、**無意識を意識してみるだけでも【今】という瞬間に思考は留まります。**

そして、できることなら、**その習慣をちょっとだけ変えて**みてください。


例えば、先ほども言ったように通勤中、毎日同じ時刻の同じ電車、同じ車両に乗ると、いつも同じ人が大体同じ場所に座ってたりします。

「あ、どうも。今日もお互いにお勤めご苦労様ですね」と、心の中でその人に挨拶してますよね？

……多分、向こうも同じことを思ってますから（笑）！

なので、今日は１つ後ろの車両にでも乗ってみましょう。いつもの時間の電車なのに、車両を替えただけで見たこともない人が乗っています。

「はじめまして！」って気分になればしめたものです。


とにかく、**習慣で動いていることに気づくこと。そして、ちょっとだけいつもの手順と変えてみてください。**

和菓子職人がきれいにあんこを手早く包んでいたり、はたまたソバ屋の大将が寸分の狂いなくソバを均等に切る姿を見て、「すごーい！」って思いますが、あれも習慣です。

あなたが普段、何度もリピートする思考もいわば習慣です。

常に心配や不安や恐れがあるとしたら、それも習慣です。

逆に何を見ても聞いても「幸せだなぁ」って思えるのも、これまた習慣です。

つまり、「習慣以外で成り立っているものはない」と言ってもいいくらい、あなたの中にある思考や感情も実は、ただ起きたことに対して『反応』しているだけです。

ただ、習慣そのものをごっそり変えようとすると、とても膨大なエネルギーが必要になってきます。

潜在意識というものは僕たちの命を生かすために常に一定の環境を保ち、現状を維持しようとします。それは思考でさえもです。

そして、あなたという命を守るために、今までと違う考え方が入ってきたら違和感を感じるようになっています。

でも、あなたにとって習慣や無意識で行っていることを、ちょっとだけ変えてみるだけでも固定化や現状維持を好む脳にとっては刺激を与えるという面で有効です。

では、またここでこの話をふまえてメソッドをご紹介します。

これも先ほどの、「脳は意識の終点を現象として目の前に見せてくれる」という働きを利用したメソッドであり、【今】という瞬間に思考を戻すためのもの。

もし、【今】に思考を戻して【今】を生きることができれば、【過去】にある後悔や、【未来】にある不安や心配、恐れがなくなるのです。

メソッド④：シアワセのしりとりメソッド

やり方

1 習慣的にやっていることにまず気づく

例）「は！　また今日もお風呂で首から洗ってた！」

2 そこで目の前にあるモノ（視界に入ったモノなら何でもOK）の単語から【しりとり】をスタートさせる

例）お風呂→ロレックス→スレンダーボディ……

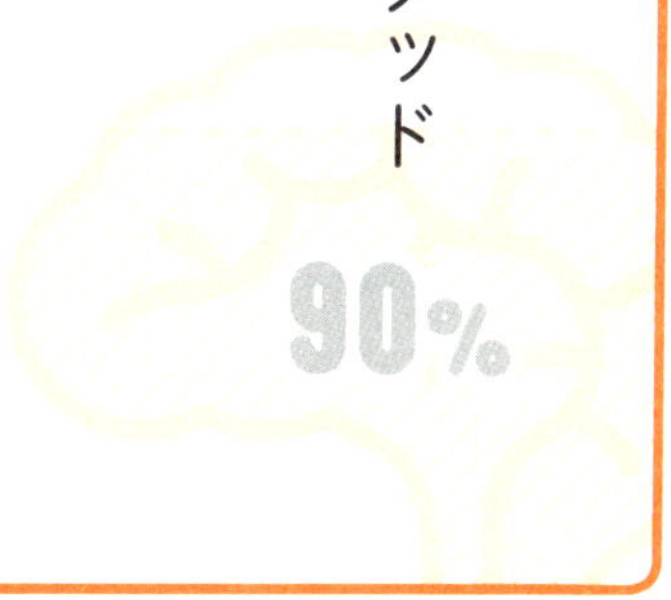

3　【しりとり】の最後が〝幸せ〟という言葉で終わるようにする。

例）お風呂→ロレックス→スレンダーボディ→色白→ロールスロイス→すし→幸せ

※ただし、同じ単語（「リ」はリス、「ス」は末広がり、「リ」はリスなど）にならないように、毎回変える工夫をする。

このメソッドに慣れてきたら、応用編として、最後に『わたし→幸せ』という流れにもってきてみてください（例：ココア→朝顔→おまけ→毛皮→わたし→幸せ）。

するとなんだか、「ウフフ♪」って笑えてきますよね。

こんな感じで、例で挙げたように**イメージするだけで「ウフフ」と笑みがこぼれるような単語で、しりとりを続けてみて**ください。

どうぞ難しく考えずに遊び感覚で。

そして、周りにいるみんなとこのしりとりをやってみると、もっと楽しいですよ。みんながが幸せな気持ちになれますから。

とにかく最後の締めを必ず〝幸せ〟で終わることで
あなたは必ず幸せな気持ちになれます。

プロセス（過程）ではなく、終点がどこに行くかであなたが意識することも変わってくるからです。だったら、どんなことがあっても最後は〝幸せ〟がいいですよね？

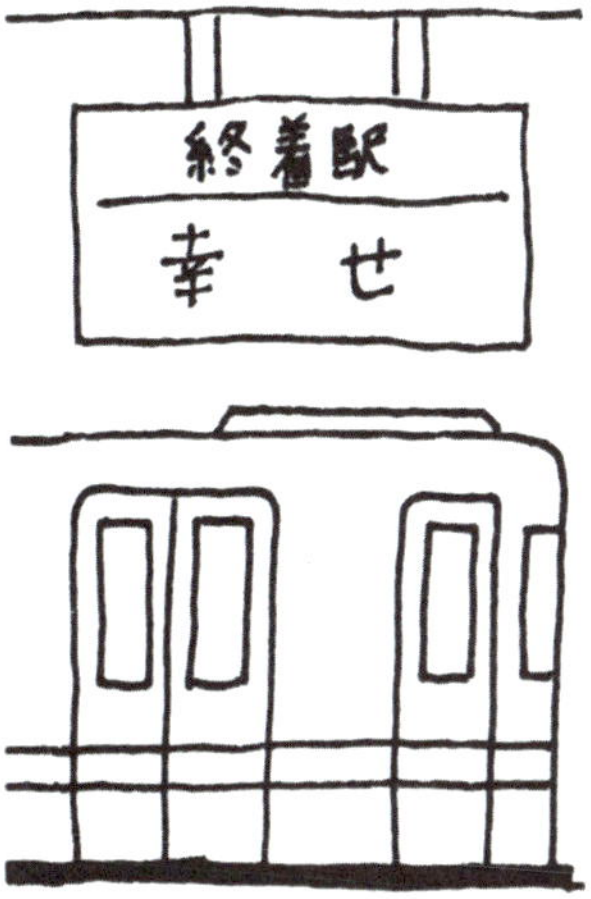

このメソッドの良いところは、しりとりに夢中になることで過去や未来に意識が飛んで行かず【今】にいれるということ。

そして、例に挙げたように、あなたにとってワクワクするような単語のしりとりを続けるということで、当然それをイメージしてるわけですから、**その間は幸せな気持ちに浸れるということ**です。

「**人間は考える葦である**」

と、フランスの哲学者・パスカルが言いましたが、考えることがあなたにとって良いほうにも悪いほうにも使えるのは、人間だけです。

さらに僕たちができることは目の前で起こることに対して、〝良い・悪い〟や〝嬉しい・悲しい〟みたいに、『選択』することだけです。

このメソッドで、アナタにとって良い思考を、良い言葉を、良いイメージを、そして良い習慣を選択してみてください。

次は～、終点～、「幸せ～」（少し鼻にかかった声で）

親指のチカラを信じてみる

さて、今までご紹介したメソッドは心にアプローチするものでしたが、**不安や悩みを持った時というのは、心だけでなく体もその影響を受けています。**

それはあなたが風邪を引くなどの病気をした経験がある時によく分かるはず。

今までご飯を食べれていたのに、風邪を引くと……

食欲もなくなり、体の節々が痛み、熱にうなされて、あなたの心までが「もうダメだ」と元気をなくし、不安な気持ちになっていきます。

心と体が連関しているのであれば、あなたが不安や恐れを感じたり、何かに悩んだりした時、体の中でエネルギーが循環せず凝り固まっているということでもあります。

そんな時はぜひ、体へのアプローチをしてみてください

メソッド⑤：親指メソッド

やり方

1
時間の空いてる時やお風呂に入っている時でもいいので、左右どちらの手の親指も側面を20秒ほどマッサージするように揉む

2
足の親指は1とは反対に、普段歩く時や立っている時、座っている時にチカラを（地面を押すようにして）入れてみる

3
7日間やってみる

僕たちの指というのはそれぞれ、ある感情とリンクしていると考えられます。

親指が「不安」、

人差し指が「恐怖」、

中指が「怒り」、

薬指が「情緒」、

小指が「緊張」、

といったような感じで。

赤ちゃんがおしゃぶりをする時は必ず親指です。中指や小指でも構わないはずなのに不思議だと思いませんか？　でも、**落ち着きたいとか安心したいという思いの時は必ず親指をおしゃぶり**しています。

また、**「大丈夫だよ！」「いいね！」と誰かを励ましたりする時は親指を立てます**（エド・はるみさんも、これが超得意！）。人差し指でも薬指でも構わないはずなのに。

恐れがあればその恐れを自分の中に見たくないので、**人を指して「誰かのせい」にする時は人差し指**です（それでも僕はやってない！）。

怒りがあれば中指を立てる行為（ファッ〇・ユー！）を欧米ではします。

お互いの気持ちを結ぶという意味では、**結婚指輪をするのは薬指**です（僕は未婚です）。

緊張すれば小指にチカラが入って、その状態でマイクやグラスを持つと小指が立つ、というこ とがあります（オネエについてはまた別の話）。

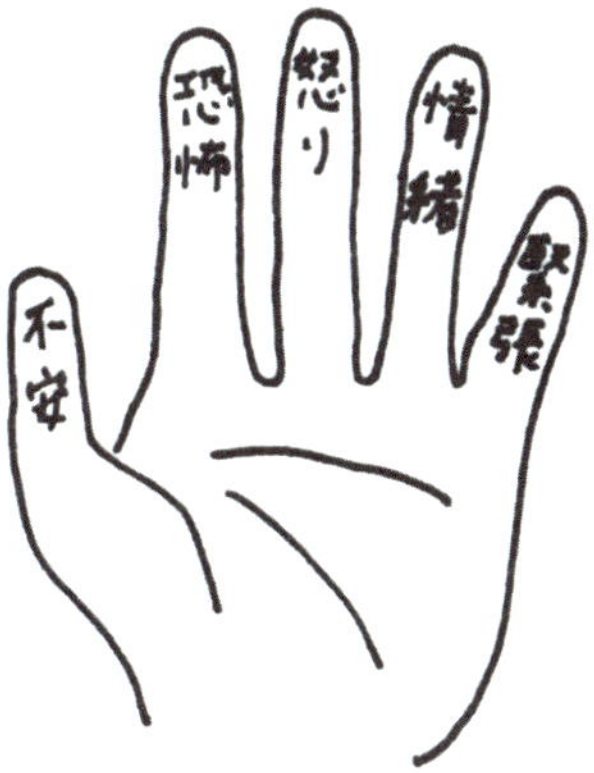

この手の親指ですが、実は、チカラがこもってしまうと、本来のチカラにブレーキをかけることにもつながります。つまり、手の親指にチカラが入っていると、緊張が増した

り、不安が発生する、ということです。

例えば、箸を使う時、親指にチカラが入ると握り箸になり、うまくモノを掴めなかったりします。

反対に自転車やオートバイでブレーキをかけたり、野球やゴルフのバットやクラブを握ったりする時など体が緊張状態にある時（チカラを入れたい時）は、小指に最もチカラを入れているはずです。

小指を立てた状態で、紙に自分の名前を書いてみれば、そのことがはっきり実感できるでしょう。

この不安や心配がある時というのは、肩こりとかと同じで感情の凝りが溜まっているので、不安とリンクしている手の親指を揉むことでその凝り（チカラ）を散らして循環させてあげればいいのです。

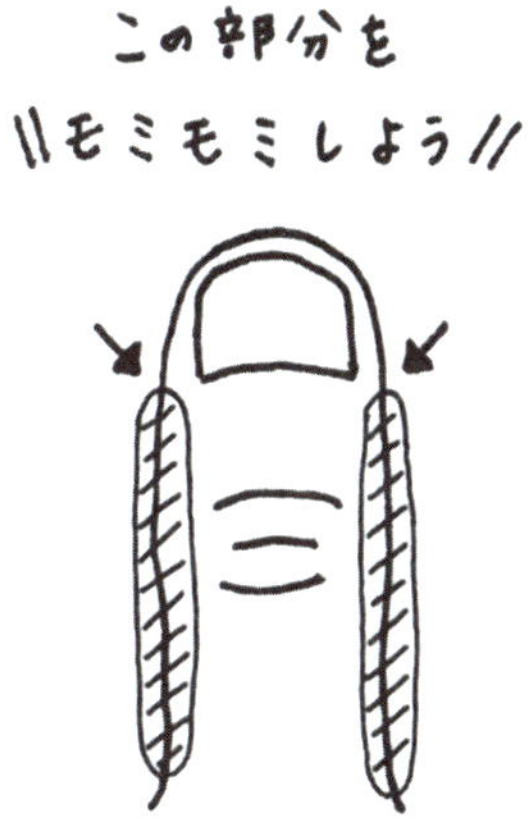

一方、足の親指は、チカラを入れることをオススメしています。これは、**あなたが思っている以上のチカラが湧いてくるから**です。

相撲や柔道、剣道もしくは、農作業をする時なんかも自然とチカラが入っているのは必ず足の親指です。それに元来、日本人は雪駄や下駄など、必ず足の親指にチカラを入れないと歩けないような履物しかありませんでした。

昔の人はこの足の親指の性質を知ってたかどうか分かりません。ですが、不安やプレッシャー、それにストレスに負けないために、足の親指のチカラを活用していたことは間違いなさそうです。

また、足の親指にチカラを入れることは、重心を下にかけることになり、そのおかげで、上半身のチカラが抜け、バランスをとることにもつながります。

・面接や大事なプレゼンがある方
・接客業をしていて堂々とお客さんとお話したい方

はもちろん、

・わけもわからず不安な気持ちに不意に押しつぶされそうになる方
・プレッシャーや緊張を感じやすい方

は、その状況になったら、グッ！　と足の親指にチカラを入れてみましょう。

無意識でやっていた習慣を少しでも変えてみること。

そして、「でも…」という思考になってしまったら【デキナイ理由】を挙げてもいいけど、言葉の並びだけはせめて変えてみること。

親指を揉むこと。

この章で紹介した、メソッドの全て、今からでも簡単にできることばかりです。

なんならもう今、この本を読みながら親指を揉み揉みしている人もいるんじゃないでしょうか（笑）。

心がダメなら体から、体がダメなら心から。

どちらからでもアプローチできるあなたであって欲しいと思っています。

手の親指は、グッド！　足の親指は、グッ！　とチカラを入れよう。

第3章

本当のチカラを最大限、発揮させよう

思い込みに支配されないで！

突然ですが、ここであなたに問題です。

【日・木・中・米・仏】

この5文字の中で仲間外れはどれでしょう？　直感で答えてみてください。

……きっと多くの人がパッと思いついたのは『木』という文字ではないでしょうか？

そして、その理由として5文字の中で『木』だけ唯一、国の名前でないから（日＝日本、米＝アメリカ…）と考えた人がほとんどだと思います。

僕が書いているブログでもこの問題を読者の方に答えてもらいましたが、ほとんどの方が『木』でした。

その他の読者さんの答えとしてさまざまなものがあります。

回答例① 『米』という字は、画数が唯一4画ではない。

回答例② 「日数」とか「1日」とか、『日』だけ、時間の概念が入っている。

回答例③ 全ての字を音読みにした場合、『中』という字だけは「ちゅう」と読み、唯一、小文字（「ゅ」）が入っている。

回答例④ 『仏』という字は、5文字の中で字の中心に線を引いても、左右対称になっていない。

それに加えて、

回答例⑤ 『仏』だけがカタカナで漢字ができている。（「イ」と「ム」）

という個性的な回答もありました。

では、いよいよこの問題の答えを発表します。果たして回答例の中に正解はあるのでしょうか？

ジャラジャラジャラジャラジャラジャラ……

バンッ! 全部正解です。

もうあなたも気づいているかもしれませんが、この問題に対する正解は【答えはたくさんある】です。

この問題を出題した理由は、物事の見方・捉え方は1つではない、ということを知って欲しかったからです。

どうしても僕たちは先入観にとらわれて、『米』が仲間外れだと思ったら、それだけしか意識できなくなります。

例えば、普段の生活でめったに花なんて買わない旦那さんが、バラを一輪買って帰ったとしましょう。そしたら、あなたは何て思いますか？

「ん？　普段、花なんて買わないのに…おかしい。もしや何かやましいことでもしてるんじゃない？」

って疑いませんか？

もしくは「何か買って欲しいものがあるのかな？　お小遣い上げて欲しいのかな？」とか、「トゲのある花なんて買ってきて、それ私へのあてつけ？　キー！」って思ったりしませんか？

つまり何が言いたいかというと、**今回の問題みたいに本当は色々な可能性があるのに、「これが正解だ!!」と自分の思い込みだけで決めつけてませんか？　ということ**です。

たとえ旦那さんが「もうすぐ結婚記念日も近いし、たまにはいいかなって思って」と答えたとしても、あなたの中に疑いの気持ちがあれば、もうその可能性以外、見えなくなります。

でも、確かめようにも、旦那さんの真意はどう頑張ってもあなたには分かりません。なぜなら、あなたは旦那さんではないからです。

旦那さんが本心でそう言ってるのかどうかは絶対に、絶対に分かりません。

僕たち人間は、自分が意識したことしか、見たり聞いたり、感じたりすることができないのです。

つまり、あなたが意識を向けない限り、他の可能性があっても全く見えてきません。たとえ、あなたのすぐ隣にその可能性が転がってても、です。

例えば、捜し物をしてる時、あなたの視界に入っているはずなのに、気づかないことなんかがよくありませんか?

あれも「鍵はどこにあるんだろう?」＝(前提として)「鍵がない」、という意識で見ているから、視界に入っていても気づかないのです。頭の上に乗った眼鏡を「眼鏡どこいった〜?」って捜している時にしたってそうです。

ですから、これから捜し物をする時は「ある、ある、ある、ある」と言って探してみてください(笑)。

話は戻って、あなたが旦那さんが買ってきたバラに対して、疑いの目（意識）で見ている以上、旦那さんの全ての言動が怪しく見えてきます。

だから、先ほどの旦那さんの花を買ってきた理由でさえ、何かの言い訳に聞こえてくるんです。

怖いですよね、思い込みって。あなたはそれで人生損をしていませんか？

夫婦を例に出しましたが、あらゆる状況で、**今、あなたが悩みや不安に苦しんでるのであれば、それは正解が1つだと思い込んでいるから**です。

今回出題した問題も、「仲間外れはどれ？」って僕に聞かれた瞬間、ほとんどの人が瞬時に「正解はどれだろう？」って考えませんでしたか？

「正解はどれですか？」と聞いてないのに……

あなたは「正解がある！」と思い込んで一生懸命答えを探しませんでしたか？

なんだったら「**正解というぐらいだから、仲間外れの文字は1つだけだ!!**」っていう、強烈な思い込みをしたかもしれません。

仲間外れはどれ?
えっとっ
正解は…
仲間外れを
聞いてるだけなのに!!

あなたがどれだけ日常の生活で、〝正しい・間違い（善・悪）〟を決めつけて、さらに「答えは1つに決まってるはずだ!」って思っていることか……。

この問題を出題した意図はまさにそこでした。

他の回答を見て、あらゆる考え方と答えがあったことが分かったことでしょう。

僕自身も「まさか『中』を「ちゅう」と音読みするなんて…文字を声にして読む発想はなかった」とびっくり。チュウが大好きなはずなのに、悔しいです。

……。

…そ、そう、何でもありなんです。たくさんの考え方があって、人それぞれに視点があるんだなぁって感じてくれただけで、あなたの人生における考え方の幅がちょっぴり広がったはずです。

数ある答えの中で、「他の人の答えが受け入れられない」とか、「その考え方は反則だろ!」って思うのはあなたの自由です。それは別に悪いことではありません。

ただ、**あなたの中にたくさんの『思い込み』が存在するということ、そして、その『思い込み』は他人の色々な考えを通して初めて気づくことがある**、ということを伝えたかったのです。

その『思い込み』に気づかないことによって、本来のあなたが持つチカラを発揮できないままだからこそ、悩みも解決しないのかもしれないし、願いが叶わないのかもしれません。

そう、**『思い込み』をしていることが怖いのではなく、本当は、思い込みをしているってことに気づかないことのほうがよっぽど怖いん**です。

『思い込み』自体はなくならないものだから、あってもいい。
それより、1つの意識を固定化してしまっていること。
他の可能性を見ようとしていないこと。
さらには「正解は1つしかない！」と思っていること。

これらに気づかないことのほうがよっぽど怖いのです。
それは洗脳みたいに1つの考えを妄信してしまうことでもあるし、「自分は合ってる！

そして、あいつは間違ってる！」というように、人や自分自身をも裁いてしまうことがあるからです。

では、どうすれば善悪観念を超えることができるのか、もっと言うと正しい・間違いという二者択一の考えから抜け出せるのでしょうか？

それは……

一旦、あなたの目の前にある人やモノをジャッジ（裁くこと）するのをやめること、そしてジャッジしていることに気づくことです。

ジャッジに気づき、そしてその裁きをやめることで、ニュートラルな立ち位置で物事を俯瞰で見ることができ、あなたの中に眠っているチカラを引き出すことにもつながります。

このあなた本来のチカラを発揮するための2つのメソッドを紹介しましょう。

メソッド⑥：ノージャッジ！　メソッド

やり方

1　人やモノや出来事を裁く思考が出てくるたびに、「ノージャッジ！」と言葉にする

2　外出時などで、言葉にできない場合は頭の中で言ってみる

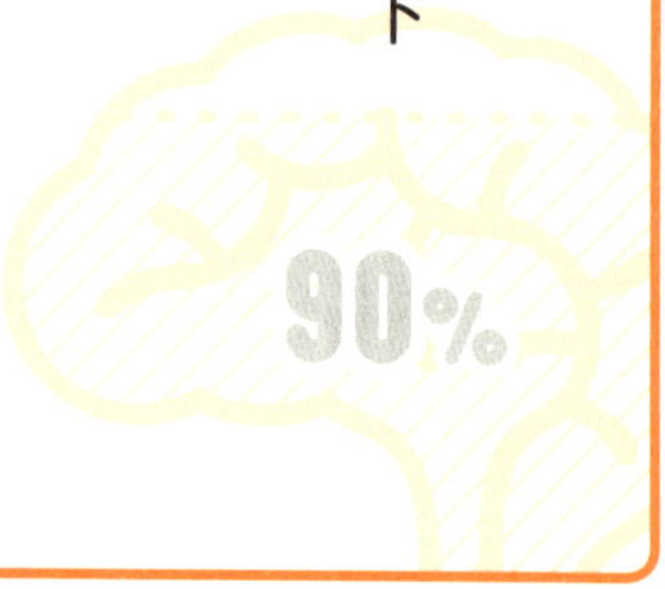

「あの部長の発言、今、思い出してもムカツク！　…ノージャッジ！」

「あの時、彼にもっと優しくしてあげれば良かったなぁ…ノージャッジ！」

「ダンナの枕って、なんであんなに臭いのかしら…ノージャッジ！」

「嫁の『今日からダイエットする』発言、もう何回目なんだよ…ノージャッジ！」

このように日常的に浮かんでくる「裁く思考」に対して、毅然として「ノージャッジ！」と言い放ってください。そして、今日1日だけでも構わないので、その「裁き」をやめてみましょう。

ジャッジとは、判断することだけでなく、批判すること、裁くこと、非難することや決めつけも含みます。ジャッジを少しの間だけでもやめてみると、たくさんのことに気づけます。

「あいつはいつも時間に遅れてくる。全く、だらしない奴だ…ノージャッジ！」

⬇「**時間を守らないヤツは悪い！」…いやいや？　僕が待ち合わせ時間を間違えているだけでした**（テヘペロ）。

「ここは公共の場だぞ。もっと小さな声で話せ！　…ノージャッジ！」

⬇「空気を読まないのは悪い！」…そんな僕は、家に帰ると「ペチャクチャうるさい！」と妻に注意される男です。

「いっつも残業だ！　今日は定時で終わるぞ！　って部長は言ったのに…ノージャッジ！」

⬇「約束を破るのは悪い！」…と言っても、もし「今日も残業だぞ！」って部長が言ったら、もっときついかも（笑）。

「あの人と会ったら、ワガママで振り回されるから疲れちゃう…ノージャッジ！」

⬇「感情をむき出しにするのは悪い！」…いや、でももしかしたらあいつ、誰よりも自分に正直なだけの可能性もあるな。

「夫は毎晩帰りが遅いし、スーツから香水の匂いが。接待って本当かしら？　…ノージャッジ！」

➡「**夫婦で隠し事をするのは悪い！」…そんな私こそ、先日銀座で、夫に内緒でバッグを買ったこと忘れてましたわ、オッホッホ（しかも旦那の稼いだ給料で）。**

あなたも昨日のことをちょっと思い出してみてください。よく考えたらいっぱいジャッジしてませんか？

こういうことを言うと、あなたはきっと真面目で心優しい人だから、「ああ、私ったらまた人のことを決めつけで見てたわ。ダメね」と、批判していた自分に気づき自分のことを責めてダメ出しするかもしれません。**でも、それもジャッジです。**

もし自分をジャッジしたとしても、それはそれで起こってしまったことなんだからどうしようもありません。またイチから取り組めばいいのです。いちいち起こってしまったことにとらわれないことです。

あなたがダメだと思って評価を下していることは、全世界で共通ではありません（一夫多妻制の国もあるぐらいですから）。

それをどこでも共通・統一だと思ってるから、「私ってダメなんだ」と自己否定が始まります。

「いや、でもここ日本ですから…」というのもジャッジです。日本だからダメで、外国に行ったらOKっていうのもジャッジですからね。

それすらジャッジしない、ということです。

あなたが『不安』や『悩み』を悪いことだと思うのも、『楽しい』や『嬉しい』を良いことだと思うのも、幼少期からの善悪観念があってジャッジしているからです。

何を基準にして良い・悪いと言ってますか？

あなたがあなた本来のチカラを発揮するには、この良い・悪いのジャッジではなく、それが〝必要〟か〝不必要〟かに意識を向けることです。

人によっては、「不安な気持ちになるというのは何かやり方が違うぞ！　って教えてくれてるサインみたいなものだから、ありがたいよね」と言うでしょう。
するとその人にとってみれば『不安』は〝必要なもの〟ということになります。

こんな具合に、あなたが『不安』や『悩み』といったものを特別視してるだけに過ぎません。そして、どちらかを特別視すると、相対性のこの世界では、もう一方は特別ではなくなります。

つまり、『不安』や『悩み』を特別視するということは、『嬉しい』や『幸せ』というものが当たり前のものになってきます。すると、**本当はあなたの身の回りに、たくさん嬉しいことや幸せなことが起こっているかもしれないのに気づけなくなります。**

そして、特別視している『不安』や『悩み』だけが、あなたの目の前に現れるような錯覚に陥るのです。得てしてそういう人が「私は世界で一番不幸なんだ」と思い込んでしまうのです。

一番良いのは『不安』を特別視しない代わりに、『嬉しい』とかっていうのも特別視しないこと。

単純に【ただの感情】だと思えばいいんです。良いも悪いもない、と。

そして不安であれ、喜びであれ、やってきた感情を〝ただ感じて〟、あなたが必要かどうかだけを選択すればいいんです。

「これは良いのかな？　悪いのかな？」って考え始めるから苦しくなります。不安や心配、恐れが湧いてきたら、自分にこう聞いてみてください。

「(この感情) いるの？　いらないの？」

これで自然と答えが出るでしょ？

それにしてもなぜ〝正解は1つしかない〟と僕たちは思い込んでしまったのでしょう？
それは簡単。**学校教育を通して〝正解は1つですよ〟という考えが染みついているから**です。そして、正解がないと不安だからです。

「自由な発想を！」という教育であっても、どこかで先生や親の評価が下されます。
正確に言うと、そんな風に教わったはずもないのに、授業でもテストでも問題が出されたら、答えは1つです。

「惜しい！」と言ってオマケでマルをくれる時もありますが、「君の考え方は斬新だねぇ！答えは違うけどマルをあげる！」とは絶対に言ってくれません。

なのに、社会に出たら、当然ながら人間関係の方程式や公式はないですし、教科書以外の問題も出てきます。

その問題には「**学校で学んできたことは何だったんだ！**」っていうぐらい、**たくさん答えはありますから……やっぱりここでも一番大事なのは、あらゆる可能性を考えるということ**です。

常にさまざまな可能性を考える癖をつけてもらいたくて、【5文字の中から仲間外れはどれ？】という問題を出しました。

もちろん遊びとしても楽しいのですが、**色々な角度から考えたり、解釈するようにしてもらいたかった**のです。

たった1つの問題であれ、あれだけ解釈の違いが出てきたことを証拠に、日常生活であなたが思っていることと、相手が思っていることは同じとは限りません。

人生において進むべき道を考える時や、壁にぶつかった時も、答えは決して1つではないのです。

今、あなたにやりたいことや夢や目標があるならその道を進んで構いません。

でも、もし今やりたいことを見つけようとしているなら、きっとあなたは過去のデータ（実績）から判断したり、自分のできそうな範囲でリスクの少ないものを選ぶ傾向にありませんか？

また、本当はやりたいことがあるにも関わらず、それに近いもので済ますことで、なんとか自分の気持ちをごまかしているかもしれません。

しかし、**あなたのやりたいことは過去の延長線上にあるのではなく、未来の可能性の中にあると言っても過言ではありません。そして、その可能性も1つではありません。**

僕も文章を書くことは好きでしたが、何かを続けるということは苦手でした。

仕事も転々としてきた経験があるので、過去の延長線上で考えたらきっと書くことではなく、何か過去に続いたものを優先的に探したことでしょう。

でも、「書くことなら続けることができる**かもしれない**」と未来に向けての可能性を見出した時、ブログという手段が見つかり、好きだからこそ色々なやり方を試し、人からは努力に見えるようなことでも、夢中になって楽しんで書き続けることができました。

そして、その当時から「本を書いてみたい」という思いを持つと同時に、ブログの読者さんを中心にして、もっとブログで書ききれないことまでお話ししたい！　という願いを持っていました。

そこから徐々に応援してくださる人が増えて、トークショーという形で皆さんの前でお話させてもらったり、本の出版まで至ったわけですから、やはり**「かもしれない」の積み重ねは大きかった**と思います。

ですから、**あなたもやりたいことを見つける時に、過去のデータを探るぐらいなら、自分が好きで（お金をもらわなくても）夢中になれるものをまずは探してみて**ください。

どんなちっぽけだと思われるようなことでもいい。やりたいことなら続けることができるだろうし、「努力」と呼ばれるものは必要ないくらい楽しんでやれるはずです。

そして、うまくいかないことが出てきたら、「もしかしたら違う考え方がある**かもしれない**」と自分の考えが思い込みでないかを疑ってみることも忘れないでくださいね。

そんな時は、友達や知り合いにこんな風に聞いてみるのも良いかもしれません。「あなただったらどうする?」って。

人はあなたの持ってない可能性の宝庫です。

他人を通してあなたの思い込みが分かると同時に、願望実現に向けた新たな可能性を得ることができます。

あなたが希望を持って「やりたい」ことを進めていく上で大切なことは、**答えは1つではなく、あらゆる可能性を考えてみること。**

そして、**望む結果（終点）に意識を集中すること**です。

この本が面白いか、面白くないか？　…ノージャッジ！

自分本来のチカラを解き放つ言葉

1章でもお伝えしたように、自分の意思でコントロールできないのが体の内部での働き（鼓動や代謝）です。

その中でも自律神経系（交感神経と副交感神経）は、精神状態に左右されます。

ストレスや不安や恐れもなく、リラックス状態で明るい心の時は、少々の無理をしても元気なはずです。

つまり、僕たちは直接的に神経系統自体はコントロールできなくても、「リラックス状態」さえ意図的に作り出せれば、自分の心はコントロールできるということです。

そのためには（意思のチカラで自由がきく）体の外側からアプローチして、リラックス状態を作り出せばいいわけです。

ここで本来のチカラを発揮する2つ目のメソッドのご紹介です。

メソッド⑦：ゆるゆる（許可する）メソッド

やり方

1 鏡の前に立つ

2 首をすくめる格好で肩を上げ、ギューっとチカラを入れる。その時、全身にも顔にもチカラを入れる。3秒ほどチカラを入れたら一気に肩をストンと落として全身のチカラも抜く。これを3回ほど行う。同時に手もぶらぶらさせる

3 体を左右に3往復ほどゆっくりと揺らす。海の中を漂う海藻をイメージして

4 ― 体を静止させて、鏡に映る自分の顔の眉間を見つめる。そして眉間に左手の人差し指を置く

5 ― 眉間に置いた人差し指を見つめたまま、「ゆるます。ゆるます。〇〇であることを許可する」、「ゆるます。ゆるます。〇〇することを許す」と言葉に出す

※「〇〇」の部分には自分の願望を入れる。

6 ― 7日間続けてみる

・「お金持ちになることを許可する」
・「すぐに怒ってしまう自分を許す」
・「きれいなスタイルになることを許可する」
・「愛される価値があることを許可する」
・「どんな感情を抱いても許す」

・「願いが簡単に叶うことを許可する」
・「健康であることを許可する」
・「夫婦関係が良くなることを許可する」
・「許可できない自分を許す」
・「自分を好きになることを許可する」

もう本当に何でもOKです。

一切の遠慮はいりません。どんな言葉でもいいので、とにかく許可を出してみてください。ただし、長い言葉ではなく短い言葉で簡潔に言ってみてくださいね。

実は、この短い言葉で言うことが、とっても大切なんです。

例えば、あなたが人を好きになる時、いちいち理屈を考えませんよね？

「なぜ彼（彼女）を好きになったのですか？」と聞かれたらもちろん、「優しくて、面白くて、気遣いができて…」と説明できますが、そういった人は実は、いくらでも世間にいます。でもなぜ彼（彼女）じゃないといけないのでしょう？

それはあなたには説明できないはず。理屈を超えて、潜在意識の部分で「彼（彼女）が好き！」となっているのです。

つまり、潜在意識は短い言葉でしかイメージを認識できないということです。

「健康であることを許可する」と言った時に、あなたは「健康」といううたった2文字の言葉の中に「元気いっぱいで、明るい自分」をイメージしていますよね？　この「イメージする」とは脳内で言葉を発して、それを電気信号に変えて映像として認識しているということです。

ここでもし「健康」という言葉を、「元気いっぱいで、病気がなくて、ひざや腰が丈夫で……あることを許可する」と、長い文章で表現してしまった場合、潜在意識は、どれが本当の自分の望みか分からなくなってしまいます。だからこそ、潜在意識に一瞬で映像化させるために、短い言葉で認識させせることが必要なのです。

ところで、そもそも、なぜこうやって自分に許可することがリラックス効果につながるのでしょうか？

それは、**『許す』の語源が『緩〈ゆる〉ます』という言葉から派生しており、心を緩〈ゆる〉ませる意味があるから**です。

そして、『許可する』という言葉の持つもう1つの意味は、あなたが今の自分よりもっと高い高い位置にいて、身体と心に命令を下しているということでもあります。

元々、完璧な秩序が潜在意識の中にあり「自然治癒力」というチカラが人間には備わっています。

つまり完全な健康体に戻るように元からできているのに、余計なチカラを入れたり、無理に自分の意識だけで何もかもをコントロールしようとすることが、「自然治癒力」の邪魔をしてることにもなるわけです。それでは不健康にもなるし、あなたの中に本来眠っているチカラも発揮できません。

いわばアクセルとブレーキを同時に踏んでいるようなものです。ブレーキさえ外せば、後は勝手にスイスイと進んでいくのです。

そして、そのブレーキを外す言葉、それこそが『許可する』なのです。

それに加えて、**意思のチカラで自由のきく体の外側（姿勢）のチカラを抜いたり、海藻みたいに揺さぶることで、「ゆるます命令」を心と体に出し、潜在意識という無限のチカラが眠る領域に身を委ねることが可能になってくるわけ**です。

また、眉間を見つめるのにも理由があります。

眉間にはA10（エーテン）神経と呼ばれる、「喜怒哀楽」などの感情をつかさどる精神系の神経があるからです。

A10神経を見つめて言葉を口にすることで、ドーパミンという神経伝達物質が脳内に広がり、【快】・【リラックス】・【やる気】の状態になり、緊張も解け、安心した気持ちになるのです。

運動会なんかでもハチマキをちょうど眉間の位置に巻きつけますよね。

別に首に巻いたっていいし鼻に巻いたっていいのに、額の眉間の位置にビシッと巻いています。

あれも眉間の奥にあるA10神経を活性化することで、やる気の源であるドーパミンを放出させるためなんです。

また、眉間に左手の指を置くことは「眉間に意識を集中させること」と、「左手は右脳に対応しており、感情や直感などを司る右脳に対してメッセージを入力する」という目的があります。

僕たちは常に「頑張ろう！　頑張ろう！」とチカラを入れてしまいがちですが、最高に自分のチカラを発揮できる時は、心身ともにリラックスしている時です。

チカラを抜いたら、チカラが出なくなると思うかもしれませんが、逆なんです。

スポーツでチカラが入りすぎていると本来のパフォーマンスができないのと同じで、仕事でも日常生活でも、チカラを抜いた時に最大限のチカラが出るのです。

この理由は簡単。

「意識」でのコントロールをやめて、無限のチカラが眠る「無意識」に委ねているからです。

そのためにもどんどん体も心もゆるませていきましょう。

ただし、人によっては、このメソッドを実践することで、心がザワザワ、モヤモヤと違和感を感じることもあるでしょう。

それは、あなたの中で

「まだ許してはいけない。もっと自信を持てたら、もっと成功したら、もっと幸せになってから、許可するのだ」

という思いがあるからかもしれません。

でも、**それこそが現状を維持しようとする潜在意識の働きですから、その思いはごく自然**です。

できればそこでやめずに、ひたすら「そんな自分さえも許してあげる」と言ってみてください。

メソッドを続けることで、自分自身を縛っていた思いからも解放されることでしょう。

大事な時ほど、リラックス、リラックス♪

うまくいかない時ほど現実を疑え！

僕たちが生きている世界は、**僕もあなたも自分たちの100％思い通りの世界を生きています。**

突然、こんなことを言うと、

「お金もないし、彼もいないし、友達も少ないし、仕事も安定しない。これのどこが思い通りなんですか？　私の思い通りなら、もう今頃、常夏のビーチでカクテルでも飲んでます。でも、今はそうじゃない。**全然思い通りじゃないじゃない！**」

——って反論されると思います。

確かにそうなんですけど……

そんな風に「世界は自分の思った通りには展開しない。するはずがない」という思い込みがあなたの心にあるからこそ、思った通りじゃない世界を潜在意識は意識上に浮かび上がらせて見せてくれている、とも言えるわけです。

〝はじめに〟の実験をやってみて、潜在意識が答えを教えてくれる理由が分かったでしょ？

そこで、あなたは思い通りじゃない現実を見てこう言うでしょう。

「ほら、やっぱりね！」と。

ですから、やっぱりあなたは思い通りの世界を生きています。僕たちは毎日毎日、「やっぱりね！」ということを確認するために生きていると言っても過言ではありません。

そう、毎日、毎瞬、自分が出した答え（思考したことや感情）が合ってるかどうかの答え合わせの人生を送っているのです。

もっと言うと、**「ほら、やっぱりね！」と感じる時は、あなたが意識的であれ、無意識的であれ、その結果を望んでいた、ということ**です。

でも、あなたは思い通りになってないことを望んだ記憶なんてないですよね？

できれば思い通りになっている状態が理想ですよね？

そこで、思い通りの世界を実現するために潜在意識を使った方法をお教えしましょう。

…と、その前に。人間の脳は「認識できるもの以外は見えない」という習性があることをまずは知っておいてください。

つまり、認識外のものは、あなたは〝認識できない〟のです。

例えば、クスドフトコ（♀）に、めちゃくちゃ好きな男性がいたとします。

フトコ「もうあなたのことを考えるだけで、ニヤニヤしちゃう。何より顔がタイプよ！

あーたまらん」

男性「僕もフトコを愛してるよ」

こうして2人は、永遠の愛を誓い合い、そして結婚しました。

――10年後。

フトコ「あーむかつく、何よりあなたの顔がむかつくわ！　**特に、鼻のすぐ下にできたそのホクロはなんなの⁉**」

男性「なにー⁉　このホクロは、**10年前どころか、僕がこの世に生まれた頃からしっかりここに、あったわい！**」

フトコ「……え。ウソでしょ……」

そうなんです。そのホクロは間違いなく10年前からありました。でも、フトコは「私が愛する人（めっちゃ顔がタイプ）には、変な場所にホクロがあるわけがない」という常識の中を生きていたので、認識できなかった。**つまり〝見えなかった〟のです。**

いわゆる、恋は盲目と言われる、それです。

これは、フトコのケースに限らず、あなたの目の前に現れてる存在、物事、全てに言えます。

例外なく全てあなたが〝許可を出して〟認識できているから見えたり感じたりできているんです。

だからこそまずは、思い通りになっている自分を〝認識する〟ことから始めましょう。

「思い通りになっていることが当然だ」という認識が前提にあれば、自然と「思い通りになってないこの現状おかしくない？」と疑うことになりますよね。

この世界は相対性【2つで1つのワンセット（表と裏、男と女、左と右…etc）】で成立していますから、**「疑う」ということは、潜在意識的には逆に何かを「信じている」ということ**でもあります。

あなたが「現状を疑う」ということは「本当は思い通りにいくのが当然のはずなのに」という思いを潜在意識的に信じているということです。

このシステム（「疑う」があれば「信じる」がある）を利用してみましょう。

そこで次のメソッド。

メソッド⑧：うたがうメソッド

やり方

1 今、思い通りになっていないことを考える

2 本当なら思い通りになっていないとおかしいはずなのに、そうなっていないことに「おかしくない？」と言って現状を疑ってみる

（例）「病気してばっかり。健康になりたいのに。思い通りになってない。おかしくない？」⬇本当は健康であることが当然！

3 「本当は自分の思い通りになることが当然」と〝認識する〟（信じる）

例えばこんな感じ――

ステップ1 彼氏ができない【今、思い通りになっていないこと】

ステップ2 これって私の思い通りじゃない。おかしくない？【現状を疑ってみる】

ステップ3 本当は素敵なパートナーがいることが当然！【認識する（信じる）】

↓すると自然に……じゃあなんで今いないの？　と解決へ向けての一歩を無意識的に踏み出す。

その結果、――

そうか！　どうせ私なんて…と思い込んで今までイケメンに話しかけなかったけど、可能性をつぶしていたのかも！　これからは積極的に話しかけてみよう！　自信を持って話しかけられるようにお化粧に、も、もっと気を使ってみよう！

などなど。あなたの願望が成就することを妨げていた『思い込み』があることに気づくかもしれないし、悩みの解決の糸口となる『可能性』を見出すことができるかもしれませんよ。

今、人生がうまくいってない人や、壁にぶつかっている人は一度「おかしくない？　本当は自分の思い通りにいくはずなのに」と現状を疑ってみましょう。

そして「本当は思い通りにいくのが当然のはずなのに」という認識を持ち、それを信じることです。

あなたがやるべきこと。それは、**どんな『思い込み』を持っているのか？　どんな『可能性』が自分にあるのか？　ということに、意識を向けるだけ。**

その瞬間から、潜在意識が勝手に思い通りの人生を送れるようにしてくれるはずです。

クスドフトコはさすがに気持ち悪いって!?
……それ、おかしくない？

第4章

成功はその手の中にある！

ほんのちょっと先の幸せを期待する

今、やりたいことがあって、それに向かっている人も、やりたいことを今まさに見つけようとしている人も、何を目指しているかと言えば…
『より良い人生』であり、もっと突き詰めていけば『幸せな人生』だと言えます。

でも、人によってその『幸せ』の定義は違ってきます。

ある人は、「お金をたくさん得ることが幸せ！」と言い、
ある人は、「好きな人と結婚して家庭を築くのが、幸せだわ！」と言います。
もしくは、「自分の好きなことだけができればお金がなくても結婚していなくても幸せな人生だよ！」と言う人もいるでしょう。

でも、こんなにもバラエティに富んだ「幸せ」の種類がありながら、僕たちの悩みの種類は、実は昔も今も大きく変わっていません。

変わらない悩み①　**「仕事」のこと**

変わらない悩み②　**「お金」のこと**

変わらない悩み③　**「恋愛や結婚を含む人間関係」のこと**

変わらない悩み④　**「健康」のこと**

この4つです。

裏を返せばこの4つの悩みが少なくなればなるほど、人生に充実感を感じる、ということでもあります。

では、この悩みの正体（諸悪の根源）は一体何でしょうか？

それは…

「足りない」という不足感です。

当たり前に感じるかもしれませんが、僕たちは「明日、酸素を吸うことができなくなったらどうしよう。よし！　明日のために、今のうちにいっぱい酸素を吸っとこう！　スーハー、スーハー」という悩みに陥ることはありません。

「足りなくなるかも…」とさえあなたは今まで一度も思ったことがないでしょう。

それはなぜか？　十分に「ある」ものは意識する必要がなかったからです。酸素はこの空間中に満ち満ちていますもんね。

あなたが風邪を引いた時に改めて健康のありがたみを意識するように、普段十分に「ある」ものはあえて意識しないものなのです。

これらの事実について、何が言いたいかというと、**僕たちはどうしても「足りない」も**

のにしか意識が向かないようになっているということです。

そして、人は「足りない」ものを考えて悩みます。

さらに、この「考える」という行為、実は、必ず【過去】についてか、【未来】についてのみ起こります。

そう、「今、この瞬間のことを考える」ということはありえないのです。

え？　今この瞬間を考えることはできるって？

では、試しに今この瞬間のことを考えてみてください。

……。

ほら、やっぱり難しいみたいです。だって、**『今』という瞬間を考えたその瞬間、その『今』はもう過去ですからね。**

もっと言うと、「足りない」という不足感、つまり「実体のないもの」にあなたがリアリティを勝手に与えて、さも存在するかのように考えるから「悩み」になります。

この件については、せっかくなので、ある夫婦のエピソードを交えて、ご説明することにしましょう。

―あるところにおしどり夫婦のユーヤ（夫）とキキ（妻）がいました。

キキは、とっても怖がりの60歳（ゾンビやおばけが大嫌い）！ そんな彼女をおどろかせようと、イタズラ好きで、無職のユーヤは、ある作戦を実行します。

ユーヤ 「ゾンビになってキキを驚かせてやろう。イヒヒヒ」

数日後の真昼間。ゾンビのコスプレをしたユーヤは、リビングで『タウンワーク』を見る、キキに奇襲をかけます。

ユーヤ 「お前を蝋人形にしてやろうか～！」

キキ「…」

ユーヤ「い、いや、だからお前をろうにんぎょ…」

キキ「はあ……そんなことしてるヒマあるなら、働いて」

…ユーヤのイタズラは、失敗に終わりました。

数日後のある夜、懲りないユーヤは、またイタズラを企みます。またもやゾンビのコスプレに着替え、今度は失敗を生かして、**おどろおどろしい音楽をかけた暗いリビング**で、街で働くキキの帰りを待つことにしました。

玄関のドアを開けるキキ。おどろおどろしい音楽が聞こえ、怖がりのキキの背筋が凍ります。そこへ……

ユーヤ「お前を蝋人形にしてやろうか〜!」

キキ「キャー!!!!!」

キキは腰が抜けるほど驚き、ユーヤの作戦は大成功に終わったのでした(でも……この後、ユーヤが本当のゾンビになったことは、ここだけの話)。

…こんなに長いエピソードが必要だったかどうかはさておき、なぜキキは同じゾンビなのに2回目だけ悲鳴を上げてしまったのでしょうか？

それは「ゾンビなんてこの世に存在しない！」と頭では分かっていても、**リアリティ（暗い部屋や音楽など）を与えられると、キキの潜在意識が「実体のないもの」を「実体のあるもの」として錯覚してしまったから**です。

「レモンをかじらないイメージをしてください」という例でも言ったように、潜在意識は【現実とイメージの区別】がつきません。

あなたが抱える悩みも、その性質と同じように「実体のあるもの」と錯覚しているのです。そしてそれは、過去や未来に思考が飛んだ時に起こります。

思い出してみてください。すっごく楽しいことをしている瞬間というのは、「仕事」や「お金」そして、「人間関係」や「健康」の悩みなんて忘れているはずです。

それは**悩みが、その瞬間（今）にはない**（今に集中できている）からなんです。

ん？「悩みが、その瞬間（今）にはない」？

そうです。そうなんです。悩みが「ない」んです、今には。

つまり、「過去にああすれば良かった」と悔い、「将来、大丈夫だろうか？」と心配になるのは、「存在していないものを考えている」ということなので、今に生きているはずの僕たちには、本来なら必要のないこと（無意味なこと）です。

だって、**未来はまだ来てないし、過去はもう過ぎたことなので、僕たちのいる今にはないんにも存在していませんよね**。

ここまでくると、「僕たちの悩み」が、さっきの「酸素がなくなって呼吸ができなくなったらどうしよう」と同じように意識する必要のないことを言っていた！　ということに気づけると思います。

ではそれらの悩みが「存在しないもの」と認識するために、僕たちにできることってなんでしょう?

それは…「未来にワクワクすること」や「ドキドキと心が弾むような嬉しいことなどを【期待】すること」です。

そうは言っても、なかなか簡単にワクワクしたり、ドキドキできないのが、僕たち人間です。

まだ起こってもいない出来事なのに、自分の過去のデータ（経験）と照らし合わせたり、周りの人の経験や話を聞いたことを思い出し「どうせうまくいきっこない!」と無意識で思ってしまうからです。

そりゃあ、「うまくいくはずだ!」と期待ばかりして裏切られたら、とてもやりきれないし、絶望感に襲われますよね。

結果、チャレンジしようとする意欲も失ってしまうでしょう。

だから僕たちは、「可能性が1%でもあれば信じよう！」と言われても、なかなかそうは思えません。

そんな【未来＝不安】なあなたはぜひ、ほんのちょっと先、数時間後にありそうな幸せなことを想像してみてください。

数時間後にありそうな「嬉しいこと」や「幸せなこと」だったら【期待】することができますよね！

……ここで「うん」と言ってくれないと話が先に進まないので【期待】できるということにしておきます。

かなり先のことまで考えると、いくら意識で「この間買った宝くじが当たってるかもしれない。そしたら、あれを買ってこれを買って

…ムフフ」と考えようとしても、

「でも当たってるわけないいか。確率低いし」と、すぐにデキナイ理由が浮かびます。

でも、**数時間後にやってきそうな嬉しいことや幸せなことはほぼ確実に起こります。**

「これからお友達と久々に会ってお茶できるのが嬉しい！」

「3時のおやつに食べるアイスクリームのことを想像するとヨダレが出てきそう！」

「2時間後には好きな人とデートができるからもう気分は最高！」

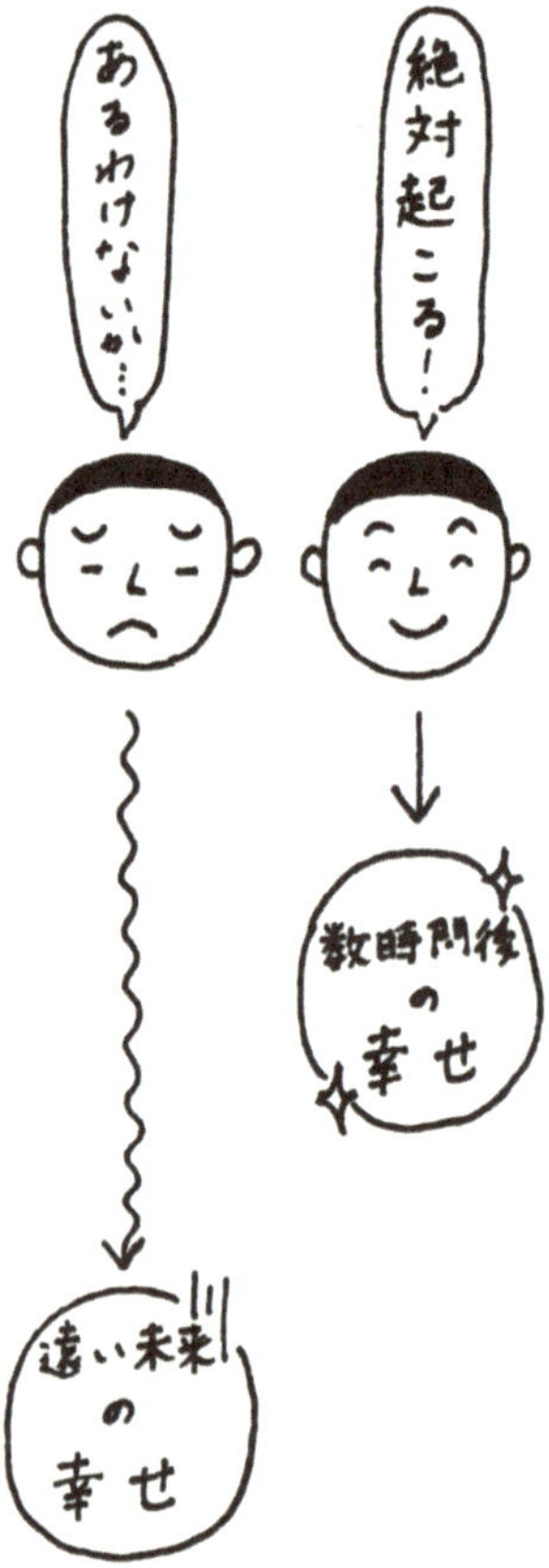

これらのことは、10分後に死ぬ、みたいなかなり予想外なことが起こらない限り、ほぼ100％の確率でアナタを幸せにしてくれます。

そして、**それを考えてる『今』にさえ、不安や心配や恐れが入り込む余地がなくなり、幸せな気持ちになれます。**

そう！　かなり先のことを考えて不安になるわけですから、「ほんのちょっと先の幸せ」をワンクッション入れることで、それらの不安や恐れを回避してしまえばいいのです。

では、ここからはその「ほんのちょっと先の幸せ」を利用した独自メソッドをご紹介しましょう。

メソッド⑨：ぴったりメソッド

やり方

1 自分の願望、なりたい姿を思い描く（生きがいとなる仕事に出会う、素敵な彼氏が隣にいる、ダイエット成功、ずっと獲りたかった資格に合格などなど、とにかくなんでもOK！）

2 今から数時間後にやってくるであろう幸せなことや嬉しいこと（些細なことなど何でもいい）を想像して気持ちを高ぶらせる

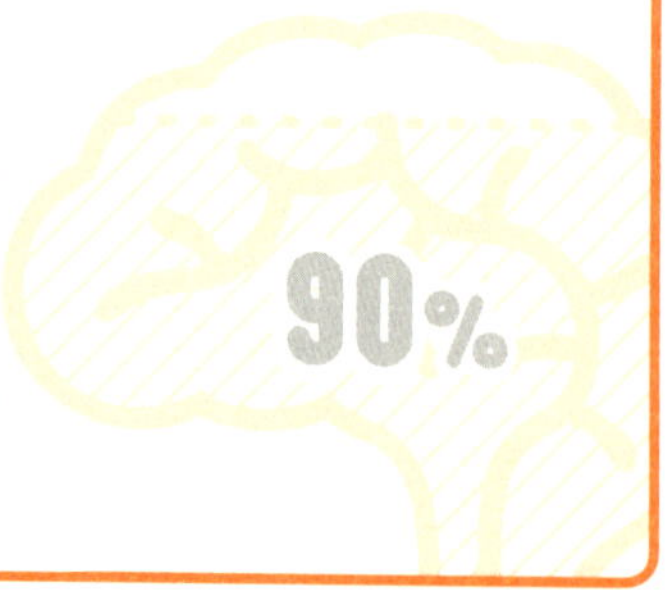

3 そして目線を右上に上げていき、1で思い描いた姿をイメージしたまま3秒視線をキープする。そして、「うん！　ぴったり！」とうなずきながら言葉に出す

4 まずは7日間やってみる

たったこれだけ。

言葉に出すのは、「うん！　ぴったり！」だけです。

「ほんのちょっと先にやってくる幸せなこと」をあらかじめ想像して気持ちが満たされることで、遠い先の未来にある理想像に対して「ダメかも…」という抵抗を減らせるという仕組みです。

僕たちの願望も、なりたい姿も、いきなり「叶う！」と思い込もうとしても抵抗（無理

かも。ダメかも）に遭います。

思い込むのではなく、『今』これだけ嬉しさや幸せな気持ちを心に感じている期待感に意識を集中させるのです。

この幸せな感情は実体がありますよね？　実際にあなたが感じているのだから。

そして、この先の願望が叶うのも悩みが解決するのも、この幸せな気持ちがふさわしいんだという意味で「ぴったり」という言葉を使います。

視線を右上に上げるのは、右脳の働きである「イメージの領域」、「新しいモノを作り出すという働き」を潜在意識に、意識させるためです。

視線を右上に3秒ほどキープして、なりたい姿や願望などの『想像』を右脳に『創造』させて、最後は「うん！(それは自分に) ぴったり！」とつぶやいてみてください。

あなたの今現在の姿は、過去の延長線上にあり、未来へとつながっていきます。

だからとにかく、少し先の未来に、幸せのワンクッションを入れ続けてください。

そうやって少し先の未来に幸せなことが起こり続けた結果、やってくる遠い未来は、おそらく……

ワクワクする未来に変わっていることでしょう。

「ほんのちょっと先に幸せ」を連発すれば、「遠い未来」も幸せ。

お金と仲良くなる方法

「お金がない！　お金が欲しい！」って話、本当によく聞きます。

例えば、

「部長クラスならどれぐらい給料をもらってるんだろう」

「次のボーナスはいくらもらえるんだろう？」

「あの子またバッグ替えてたけど、あれいくらぐらいするんだろう？」

などなど…

みなさんも知らないうちに、お金のことばかり考えていませんか？


…みなさんお金が本当に大好きなんですね！

ではみなさんがどれぐらいお金が好きなのか、ちょっと実験をしてみましょう。
1万円札を、実物を見ずにスケッチしてみてください（頭の中で、大きさや絵柄などを細かく想像するだけでもOK！）。

どうですか？　きっと、ほとんどの人が、実物通りには描けなかったと思います。
ってことは……

みなさん、残念ながら、お金のことが好きじゃないみたいです。

「描けなかったぐらいで、なんで〝好きじゃない〟になるんだよ！」って言われるかもしれません。
でも…もしあなたに好きな人ができたら、相手がどんな顔で、趣味は何で、なんなら足のサイズまで知りたくなりませんか（僕はスリーサイズも知りたい）？

なのに、1万円札がスケッチ（想像）できないなんて……お金のこと何にも知らないじゃないですか!!

お金のことが本当に好きな人なら、お札の見た目はもちろん、匂いや触り心地、それに正確なサイズや重さだって知りたいはずです。それなのに、何にもお金のことを知らないだなんて。

つまり何が言いたいかというと、**それほど普段、僕たちは「お金が好き」と言ってても、その対象を全然見ていないし、「お金を使う」ことにしか興味がない**のです。

もう1つ質問します。

「あなたは、あなたのことが好きな人と嫌いな人、どちらのほうが好きですか？」

きっと「あなたのことを好きな人が、好き」と答えると思います（あなたが、超ド級のMじゃない限り）。

つまりあなた自身も、あなたのことをちゃんと見てくれて、大事にしてくれる人を好きになりませんか？

そして実は、この2つの事実が、あなたがお金で悩み続ける原因になっているかもしれません。

それはこの2つの事実が**お金目線**からしても、全く当てはまるからです。

お金さん

「そうそう！　よくぞ言ったくれたフトシさん。みんな私を〝使うこと〟にしか興味がないの。これって、まるで、体にしか興味がないチャラ男と一緒じゃない！　まあ確かに、私の体はひらべったいわ。それでも、**私は、私のことを本当に好きでいてくれる人のところへ行きたいの！**」

とまで言っているかは分かりませんが（笑）……

要は、あなたがお金に好かれなければ、お金はあなたのところには入ってこないということです。

つまり、あなたがどれだけ「お金という存在」を恋人やパートナー、そして家族や親友と同じように大切な存在として接することができるかということです。

そのためのキーワードは『密着感』です！　そこでこのメソッドのご紹介です。

メソッド⑩：タッチマネーメソッド

やり方

1　お札を1枚用意する
2　お金を支払う時と同じようにお札を指でつまむ
3　その時に、指先に意識を集中させてお札の感触を指でしっかり感じる

※最初は目をつむって指に神経を集中させてやってみると、よりお札と自分自身の肌の密着度を感じることができます。指を離してもその感触をリアルに思い出せるまで何度も何度も触ってみる。

90%

4　実際に買い物をする時など支払う際は、指先に意識を集中させて、その感触を感じながらお金を支払う

5　支払う時に「じゃあ、またね」と心の中でつぶやく。友達や恋人にしばしのお別れを告げるようにして、お金にも全く同じ態度で接する

何度も何度も触って指先にその感触を覚えさせていくと、お金という存在がとても愛おしく感じてくるはずです。

そして、自分のところに入ってきてくれたこと（給料にしろ、誰かからの援助にしろ）が、とてもありがたく感じれば、あなたの元にまたお金が還ってくることでしょう。

あなたがお金を支払う時に、「お金」に意識を集中させていないということは、お金からすればほったらかしにされているのと同じです。

お金さん　「あなたの元から離れるのは寂しいわ」

あなた「（お金さんの声を無視して）また今月も給料日まで厳しそうだなぁ」

お金さん「ねぇねぇ聞いてる？　あなたは私が来た時は喜んでくれたのに、出ていく時は全然悲しんでくれないじゃない」

あなた「はあ…これでしばらくの間は節約しなきゃ。エステも我慢だわ」

お金さん「ねぇねぇ聞いてる？　私、もう行っちゃうよ？　寂しくないの？　せめて別れの挨拶をさせて…」

あなた「今週末の合コンは断ろうかな、でもな……」

こうしてお金さんは、あなたとお別れの挨拶を交わすことなく、あなたの元を離れていきます。

あなたがお金さんだったらどんな気持ちになりますか？

最初だけ歓迎してくれて、別れの時は惜しむ気持ちもない人の元に還ってきたいと思いますか？

だからこそそのメソッドだと言えます。

「支払う」という行為は同じだけど、そこに身体的な密着感とそれに伴った大切な存在に対する気持ちを乗せてみてください。

なにも大げさに「今まで本当にありがとう！　また還ってきてね!!　絶対だよ!!!」という〝今生の別れ〟みたいなことはしなくてもいいです（逆にそのほうがお金からしてもプレッシャーでしょうし）。

友達とお別れする時みたいに、またいつでも会える、という軽い気持ちです。その軽さがあるから、また会おうと思うのです。

適度な密着感を持って、お金にも、友達や恋人と同じような感覚で接してみてください。

このメソッドで、ちょっとずつちょっとずつ、お金に対する観念やお金を使うことに対する恐れも減ってくること間違いなし！

でもこれだけではまだ密着度が足りません。

もっともっとお金に対して充足感を持つことが大切です。

人は五感を駆使して生活しています。

先ほども説明したように、肌に触れる感覚や視覚でもリアリティを感じれば、脳は本物と勘違いしてしまいます。

それはみなさんがテーマパークや映画館などでも体験したことがあるかもしれませんが、3Dや4Dといったバーチャルリアリティの世界です。画面の中の世界と分かってても、3Dメガネをかけると本当に目の前で掴めそうな感覚に陥ります。

ということは視覚効果も、十分、潜在意識にとってはリアリティを感じるものになるのです。

好きな人が悲しそうな顔をしていたら、それを見たあなたも悲しい気分になるし、反対に嬉しい顔を見たらあなたの気持ちも喜ぶはずです。

それほど目でとらえる感覚は聴覚以上に強い感情を生み出します。

そこで先ほどのメソッドと併せて実践して欲しいのがこちらのメソッド。

メソッド⑪：セレブごっこメソッド

やり方

1

使う必要はないので、まずは自分が「いつもこれぐらい財布に入ってたら嬉しい」と思うぐらいの金額のお札を財布に入れる。それが、かなりの金額で、現金を用意できなければ、新聞紙などを切り抜いてお札の形にして、札束を作ってもOKです

※視覚的なリアリティを感じさせるために、一番上と下は本物のお札にしておくとより良い。

2　札束の入ったお財布を持って、実際に買い物に行く。そのお金は入れておくだけでもちろん使わない

3　できれば7日間と言わず、その札束が入っているのが当たり前の感覚になるまで、財布に入れて過ごしてみる

このメソッドを実践すれば分かりますが、買い物に出かけて財布を開いた瞬間、札束が目に飛び込んできますし、財布自体も厚みが増しますので、**持った感触にリアリティを感じます**（たとえ中身が新聞紙でも）。

つまりこのメソッドでお伝えしたいことは、「余裕さ」を感じて欲しいということです。

不足感ではなく、充足感を、です。

財布を開けた瞬間に今までなら「あと○○円しかない…」という後ろ向きな気持ちになっていたのが、「まだこんなにもある！」という気持ちになり、それが続けば、**潜在意識**

は、「それが当たり前」と捉え始めます。

そしてそれが当たり前の状態になれば、**潜在意識はその現状を維持しようと働いてくれます。**

僕自身も、このメソッドを実践することで買い物に行く度に気持ちに余裕が生まれ、支払いの時も不足感を感じずに済みました。

結果として、生活する上でのお金には困ることはなくなりましたし、臨時収入も入ってくるようになったのです。

もちろんあなたもそういった効果をすぐ期待してしまうのは分かりますが、

「いつお金が入ってくるんだろう？」

という、その気持ちこそが不足感を生んでしまうので、まずは遊びとして実践してみるのが一番です。ダメ元であってもあなたに1円の損もないメソッドですしね！

さらに「お金を使う」と言えば、どんどん大切な人にプレゼントをしたり、お友達や部下やお世話になっている人にご馳走してみてください。

その理由は、人にご馳走やプレゼントをするということは、考えようによっては余裕感の表れになるからです。

「ああ、痛い出費だな」と思ってしまう気持ちも分かりますが、これからはこう思ってみるのはどうでしょうか？

「ああ、痛い出費だな。でも、人にご馳走できるということはまだ余裕があるということだし、喜ぶ顔も見れて良かったし、これは（自分の）運気が上がっちゃうな」と。

「人を喜ばせて、運も良くなる」と思ってみるだけで、お金を支払う行為もうれしいものになるはずです。

反対にご馳走してもらったりプレゼントされた時は、恐縮したり遠慮すると相手のせっかくの厚意が無駄になります。

そんな時は「ありがとうございます。とっても嬉しいです。なんだか、人にご馳走したりプレゼントしたりすると運気が上がるらしいですよ」とさりげなく言ってあげると、相手も気持ち良いし、自分も「相手の運気を上げることができたんだ」と恐縮する気持ちがなくなりますので一石二鳥です。

お互いに喜んでギブ&テイクすれば幸せは循環するようになっています。

言葉通り、ギブ（与える）の後にテイク（受け取る）はあります。

テイク&ギブではないということからも、いかに相手に気持ち良く〝与えること〟をしてもらうかも大切ですね。

僕は死にましぇん！　お金さんが好きだから！

「1」を聞いて、「10」を悟るには

仕事にしても、人との出会いにしたって、自分にとって有益な情報は、誰かの声を通して入ってきます。

もちろん、目で見る情報というのもありますが、例えばニュース番組でもバラエティ番組でも音を消して見ると何を伝えているのか分からないし、何が面白くて笑っているのかが、分かりませんよね。

それに、ホラー映画も音を消して見てみると怖さが半減します。

それほど音の情報というのは臨場感のあるものだということです。

つまり、「情報」というのは、耳から入ってきます。

そう考えると、自分の夢や目標のために良い情報をゲットすることはもちろん、夫婦や親子、恋人などの人間関係の中で、相手の真意をちゃんと理解しようとするには、**耳の感度を良くしておくことが必要**です。

そして、この耳の感度を高めるために必要になるのが、耳の血流を良く（耳を柔らかく）しておくこと。

耳を柔らかくしておくと、脳への音の伝達速度が早まるのです。この「脳への音の伝達速度が早まる」と、「1」を聞いて「10」を悟るような状態になります。

反対に、耳の血流が悪い（耳が硬い）ということは、他人の言葉に対して心を閉じがちということを表しています。

実は、耳には全身のツボがあり、耳の硬い・柔らかいで健康の調子が分かるのです。

一度でも赤ちゃんの耳を触ったことがある方なら、赤ちゃんの耳がめちゃくちゃ〝柔らかい〟ということをご存じでしょう。

そう。赤ちゃんは、健康そのもの！

耳が柔らかいことを証拠に、内臓や各器官が健康です。

そして、当然ですが赤ちゃんにはお金や仕事、それに家庭の心配も人間関係の心配もありません。つまりノーストレスです。

それに比べて、僕たちが生きる社会は、たくさんのストレスを抱えていますから、ストレスを溜め続けている人は当然、耳も硬くなっています。

ストレスの溜めすぎは、精神的にも身体的にも悪いことは百も承知ですよね？

耳が硬いと心理的にもネガティブな方向へと向かいがちで、人の言葉に対して、否定的に受けとったり、攻撃的になったり、または、拒絶しがちになります。

ですから、そういったネガティブな人に「もっと前向きになろうよ！」などという、ポジティブ思考を勧めても、反発されるのがオチで逆効果になってしまいます。

あなたが今もし、耳が硬ければ、無理に心を明るい方へと持っていかなくても大丈夫。

そういった場合は、何度も言っていますが、身体的なアプローチが有効です。

メソッド⑫：耳モミメソッド

やり方

1. 両耳の横を痛くない程度に引っ張ったり、耳たぶを下に引っ張ったり、耳の上を持ち上げるように引っ張る
さらには、耳をかぶせるように（餃子の形になるように）、後ろから前にも引っ張る

2. 耳全体を指で上下をつまむようにして何度も揉む

3. 7日間続けてみる

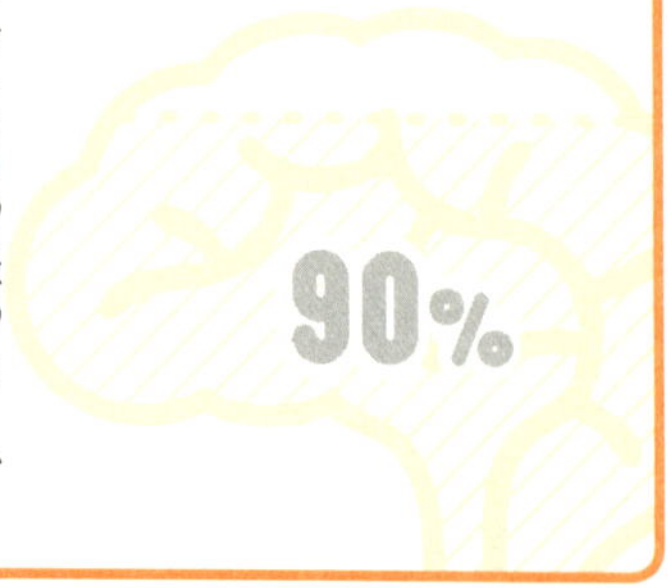

お風呂に入った時でもいいし、テレビを見ながらでも、仕事の休憩中にでもいいので、耳を揉んでマッサージしてみてください。

そうすれば、血流も良くなるし、脳も活性化します。

つまり、自然と脳波が、リラックス状態であるアルファ波になってポジティブ思考にもなるし、人の言うことがスッと理解できるようにもなります。

「人の話を全然聞いてない！」っていう人にもオススメです。


そしてもちろん、全身のツボも同時に刺激してますので、体もポカポカ温まることにもなり、健康促進にもつながります。

また耳は、**臨場感を味わうためにある器官ですから、気持ちを安定させたり、理性的に物事を判断するためにもこのメソッドを使ってみてください。**


あなたにとって大切な人が、ストレスを溜めてイライラしたり、いつもより興奮気味になっているなら言葉で励ますのもいいけど、

「耳をマッサージしてあげようか？」

とモミモミしてあげるといいかもしれません。

もちろん子どもがいる人だったら子どもにもやってみてくださいね。

耳がふにゃふにゃだと、心もふにゃふにゃ〜！

最強になる合言葉「フィフティ・フィフティ」

好きなことを仕事にするにしても、お金を稼ぐにしても、夢を追いかけるにしても、素敵なパートナーと暮らすにしたって、人は誰かに味方になってもらわないとうまくいきません。

それに、仮にたった1人でうまくいって、お金を稼ぎ、どんなに高価なものに囲まれたところで、その喜びを分かち合える人がいないのでは、「生きがいがない」のではないでしょうか。

また、人は自分のためよりも誰かのためだからこそ頑張れます。

では一体、あなたが〝どういった人〟なら周りの人たちは、あなたの味方をしようと思うのでしょうか？

それは『愛される人』です。

あなたが男女関係なく、みんなから愛されているなら、みんなはあなたに対して「味方して、応援してあげよう」と思っているはずです。

では、さらに突き詰めて『愛される人』とはどんな人でしょう？

それは『人の幸せを願える人』です。

今、あなたには叶えたい願いがあるけど、実現に向けて進展しないとか、仕事も人間関係もなかなか思うようにうまくいかないとしたら、それは**自分自身にベクトル（矢印）が向きすぎているのかもしれません。**

無意識のチカラに任せることなく「自分で頑張ろう」とコントロールしようとすると、

余計にチカラが入って、うまくいかないということはこれまで説明してきました。

——だからこそ、今まで入れていたチカラを抜くだけでいい。

そうは言っても、真面目な人は「どうやってチカラを抜けばいいですか?」と聞くことでしょう。

でもそれは、海やプールで泳ごうとして体を浮かせようとした時に、「どうやってチカラを抜くんですか?」と聞かれるのと同じことなので、「ただチカラを抜いて!」としか答えようがありません。

ところが、そんな真面目なあなたに朗報です。この度、チカラをうまく抜く方法が見つかりました!

それが【フィフティ・フィフティの法則】です。

これは、あなたの周りにいる人や関係している人たちの幸せを願って、今まで自分に向きすぎていたベクトルを外側にも向けて欲しい、という願いを込めて名づけられました。
つまり**自分の幸せ＝フィフティ、他人の幸せ＝フィフティということ**です。
なぜ「フィフティ・フィフティ」なのか……その理由は、例えば、あなたが「10」のチカラを持っているとしましょう。

あなたが自分の幸せや願いが叶うことばかりを考えて、人の幸せを願えない時は、
9（自分の幸せ）×1（他人の幸せ）＝9（のチカラ）
の数式が成り立ちます。

逆に、人の幸せだけは願えるけど、「自分なんかが本当に幸せになっていいのだろうか？」という自己否定をしてる時は、
1（自分）×9（他人）＝9（のチカラ）
となります。

また、自分の幸せや願いを叶えることは当たり前だけど、「人の幸せを願うとやっぱりちょっとだけ嫉妬しちゃうなぁ」という時は、
6（自分）×4（他人）＝24（のチカラ）
ということになるでしょう。

ところが、**自分の幸せを願うことに「5」のチカラ、人の幸せを願うことにも「5」のチカラ**でイメージすればどうでしょう？

「自分も幸せだといいけど、他人も幸せだとさらに嬉しい」と思うとチカラは、
5（自分）×5（他人）＝25（のチカラ）
となって、唯一、5×5だけが最大限のチカラが出せます。

9×1でもダメだし、4×6でもダメだし、7×3でもダメなんです。

5×5じゃないと最大限のチカラは発揮できません。

これは恋人や夫婦関係においても同じこと。

円満のコツはいつだってフィフティ・フィフティです。

［表］と［裏］、［男］と［女］、［上］と［下］、［光］と［影］……。

2つで1つのワンセットの世界。

強烈なバランスででき上がってる世界。

だからこそ、互いに引き合うチカラが同じ時、素晴らしいパワーが湧き起こります。拍手だってハグだって、どちらかが強いチカラで叩いたり抱きしめたって、良い音はしないし、良い気分にはなりません。

さて、イメージとしては「フィフティ・フィフティ」の理屈は分かったと思います。これを実生活で活かすために、メソッドを考えてみましたので、ご紹介したいと思います。

メソッド⑬：半分ちょーだいメソッド

やり方

1 相手が肩の痛み、腰の痛み、それから精神的に辛かったり、悲しんだりしてる時に、相手に「もしよかったらあなたのその痛み、私に半分ちょーだい？」と聞く

2 相手に「はい、いいですよ」と言ってもらう

以上です。とっても簡単ですよね！

しかも、これはどんなことにも応用できます。

もしあなたが独身で、素敵なパートナーとの幸せな結婚生活を聞かせてくれる友達がいたら、

「もしよかったら、その経験を私に半分ちょーだい？」

と聞いてみてください。

相手には意味が分からなくても「いいよ」と言ってもらえれば、あなたの潜在意識の中に「相手の幸せ」を取り込むことができ、それを具現化しようと働きだします。

おいおいそんなの信じれるかよ！　って方は、試しに次の実験をお友達や家族でやってみてください。

ステップ①　2人1組で、AがBの合谷《ごうこく》という、手のツボを揉んでみて、痛かったらAがBに「その痛み、半分ちょーだい?」と言う。

※合谷は、親指の骨と人差し指の骨が合流する所から人差し指寄りにあるくぼみにあります。

ステップ②　Bは「はい、どうぞ」と言う。もう一度、Aが合谷のツボを揉む。

…以上で、Bの痛みが、さっきよりも軽くなっているのが実感できるはずです。

あなたが自分のことでいっぱいいっぱいになっている時ほど、あなたがチカラを貸せる範囲でいいので、悩みを聞いてあげたり、経済的に援助をしてあげたり、側に寄り添ってあげられるなら、ぜひそうしてください。

自分の都合を忘れて、その分、相手のサポートをしている時って、自分に必要なアイデアや方法が浮かんでくるものですから。

何かチカラになろうとすればするほど、あなたは全力でサポートしなくちゃいけないとか、自分を犠牲にしてまでチカラになろうとしてしまいがちではないでしょうか？

でも、このメソッドではあなたが相手のチカラになるのは半分でいいのです。

しかもチカラになると言ってもかける言葉は、1つだけ。

人は完全に理解してもらえなくても、喜びも悲しみも共感してもらえると嬉しいもの、

その魔法の言葉が「半分ちょーだい」です。

丸ごと全部、チカラになってくれたら嬉しいと思うかもしれませんが、人は無意識のうちに「全部チカラになってもらって申し訳ないな。何かお返しをしなくちゃ」と思ってしまいます。

例えばあなたの財布に今、1万円が入っていたとして、僕が「今、お金に困ってるから、それ全部ちょーだい。返すから」って言ったらあなたはどうでしょう？

「私だってお金貸したら困るのに…」って、顔で笑って、心で泣きませんか？

もしくはあなたが「1000円だったらいいよ」と言うと、今度は僕が顔で笑って心で泣くことでしょう（ランチすら奢れない……）。

でも、「半分だけ貸してくれない？　返すから」と言われると、貸すほうも「それで助けになるなら……」とお互いが納得できます。

8割でもなく、2割でもない。

半分ずつのほうが互いに満足を得られて、チカラも最大限に出せるというのが【フィフティ・フィフティの法則】です。

あなたが欲しい経験（仕事術や、生きていく知恵）も、持っている人に「半分ちょーだい」と言ってみましょう。

経験だったら相手も自分の手元から目に見えて減るわけじゃないし、共有したい、分かち合いたいと思っている人は「いいよ」と言ってくれるはずです。

ただし……

たくさんお金を持っている人に「そのお金半分ちょーだい！　あなたはとにかく『はい、どうぞ』って言えばいいからね」ってむりやりお金をもらうのは、また意味が違ってきますから、それは注意してくださいね（笑）！

なんにせよ、僕たちの願いはいつだって最終的に『幸せ』な気持ちになることです。

仕事、お金、人間関係、健康などなど…

全ての願いの先には『幸せな気持ち』があると思います。

お金がたくさん入ってきたことで『幸せな気持ち』になるし、好きな人と一緒になれたことで『幸せな気持ち』になれる。

何かを通して『幸せな気持ち』を体験したいのが人間です。

でも、その願いを叶えるのは僕たちの役目ではありません。

もちろんその願望実現のために行動することは僕たちにできることですが、そこに至るまでのいくつもの「出会い」や「チャンス」や「縁」といったものは、決して意識的に自分でコントロールできるものではありません。

この本の冒頭で「なぜ?」と突き詰めていくと「なぜか分からない」という答えが出てきましたよね。

つまり、『理屈』を超えたところからその答えはやってくるのです。

どうやって願いが叶うのかということが理屈で全て説明できるなら、もはや誰も願いを持たないでしょう。

なぜなら全て叶えることができるからです。

でも叶えたとして、自分1人だけが幸せになっても、喜んでくれる人がいなければ虚しいし、他人だけが幸せになっても嫉妬心がついつい出てしまうのではないでしょうか。

だから、互いにフィフティ・フィフティの関係で、

①心から他人の幸せも喜び、祝福してあげられること

そして、

②もちろん自分自身も幸せな時は謙遜や遠慮もなしに他人からの祝福を受けとること

この2つが成立した時に、あなたは心から「幸せだなぁ」と感じるはずです。

例えば、あなたが誰かの役に立って、すごく喜ばれたらどんな気分になりますか？

きっとその時、「幸せだなぁ」って感じるでしょう。

それは助けられた**相手も嬉しいけど、相手の喜ぶ顔を見れたあなたも嬉しいから（フィフティ・フィフティ）**、「幸せだなぁ」と感じるんです。

毎日僕たちは仕事や学校や家事や育児で奮闘して、自分のことで精一杯の日々を送っています。

一生懸命生きてます。

なかなか人のことまで、ましてや人の幸せまで心の底から願うことなど滅多にないでしょう。

だからこそ、人の幸せを願うことには価値があります。

なぜなら、あなたの願いを叶えるのに必要なのは〝他人の存在〟だからです。

あなたが誰かを好きになったりするのも、仕事で年収数千万円を稼いだりするのも、1人では決してできません。

あなたの願いが叶った時に一緒に喜んでくれる人がいますか？

もしくはあなたの周りで誰かが願いを叶えた時に一緒に喜んであげられますか？　心の底から手放しで。

僕がこの本を通して、皆さんと一緒に行きたい世界。
それが【相互幸福の世界】です。

人生がうまくいかずに悩んでいる人や、願いを叶えることに必死で自分にベクトルが向きすぎている人は、今日からちょっとだけでも人の幸せを願うこと、半分だけでも人のチカラになれることを考えてみてください。

もちろん、あなたが幸せになる気持ちも忘れずに。

誰かが不幸な世界なんて、僕は幸せじゃない！

第5章

「幸せ」を習慣化させる

呼吸は意識と無意識をつなぐパイプ

前述したように僕たちの願いの最も先にあるのは、「幸せな気持ち」です。

でも、この幸せな気持ち、何も願いを叶えなくたって、意識すれば身の回りに、いくらでも見つかります。

買い物に行ってお気に入りの洋服を買えた時。

大好きなスイーツを食べている時。

子どもの寝顔を見ている時。

そして極端なことを言えば、息をして生きていることでさえ幸せな気持ちを感じることはできます。

だって死んだら、大好きなケーキは食べれないし、好きな人に抱きしめてもらうこともできないんですからね。

ま、その代わり、死んだら、満員電車に乗って仕事に行く必要もなければ、親に叱られることもなくなるわけですけど（笑）。

こんな風に、よくよく考えたら僕たちの日常、身の回りには「幸せな気持ち」にさせてくれるものは、たくさんあります（僕は最近、大きな耳アカがとれて、とってもハッピーな気持ちになりました）。

でも、それをあまり感じられないのは……

〝足りないもの〟に意識が向いてるからですよね。

〝足りないもの〟に意識が向くことが習慣になってるから、「幸せな気持ち」というのはたまにしかやって来ないものだと、勘違いしてしまうのです。

ということは、逆に幸せになるためには……

「幸せな気持ち」を習慣化すればいいんです！ そうすれば、「幸せ」はいつでもやって来るものだと思える！

もちろん、幸せを習慣化させても〝足りないもの〟に目がいくのは仕方ありません。人間は変化や進化しながら成長していく生き物ですからね。

それに、**より良くなろうと思ってるからこそ〝足りないもの〟に目が向く**わけです。

でも、その時間が長ければ長いほど、不足感で心がいっぱいになって、不平不満だらけの毎日になってしまいます。

だからこそ1日の中で「幸せな気持ち」になる時間を1秒でも増やして、これを習慣にすることをあなたにオススメします。

「幸せな気持ち」を感じるということは、それだけ心も体もリラックスできているということです。

そして、リラックスしている時ほど、あなたの持つ無意識のチカラも最大限に働いてくれますし、あなたに必要な答えを教えてもくれます。

では、その幸せを習慣にするにあたって、何から始めれば良いのか。手っ取り早く実践できて、しかもお金も人手も道具も場所もかからないもの…

それは【呼吸】です。

呼吸は「意識」と「無意識」をつなぐ役割をしています。

それはあなたが「無意識」の間も呼吸はしているし、「意識」して吐いたり吸ったり、止めたりとコントロールもできるからです。

他の臓器や器官はそれができません（心臓の鼓動は、自分の意思で止めたり、動かしたりできませんからね）。

そして、僕たちが無意識で呼吸してる時は、500CCしか（小さいペットボトル1本分）、肺の中の空気が入れ替わらないとされていて、逆に意識で呼吸してる時はその5倍の2500CCほどの空気の入れ替えが可能になるとも言われています。

さらに、**リラックスする時によく用いられる深呼吸は、意識を呼吸に向けている時だけしかできません**（あ～あ～、無意識で深呼吸できたら一番いいのに）。

特に僕が引きこもりを卒業するために、自分でも実践していたのが、鼻から吸って、そして鼻からゆっくりと吐いていくことでした。

みなさんも経験あると思いますが、鼻が詰まっていると、イライラしませんか？

このイライラが起こる原因は、あなた本来のチカラが発揮できないからです。

つまり、精神的なプレッシャーやストレスがなく、リラックスできている時は、実は鼻が詰まるということがないのです。

鼻からゆっくり吐くのが苦しいのであれば、口から吐いても構いません。

コツはゆっくりと吐く息に集中することです。

ゆっくりと吐くことで心拍数が下がって、体全体のチカラが抜けていきます。

では、この呼吸を意識的に行いながら、リラックスした状態で日々の不安や心配事から解放されて、幸せな気持ちを継続させるためのメソッドをご紹介します。

メソッド⑭：よしよしメソッド

やり方

1 不安や心配に駆られたり、願望のことで頭がいっぱいになってしまう時は、手の平を自分の頭に置く

2 目をつむりながらまず呼吸に意識を向ける。そして、自分の頭を撫でる。その時に「よしよし。よしよし…」と何度も褒めてあげるようにつぶやきな

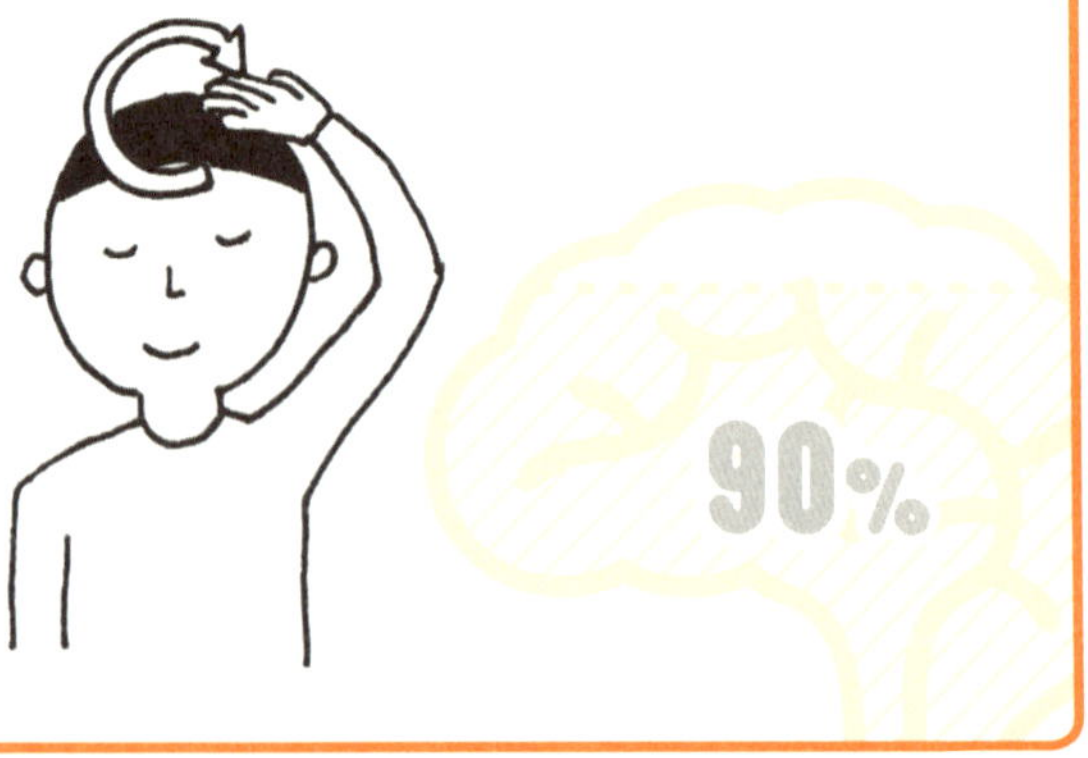

がら撫でましょう

3 次に目をつむったまま、胸に手を当て、今度はみぞおちのあたりをポンポンと軽く叩きながら、不安で爆発しそうな感情を鎮めるために、「よしよし。よしよし…」と何度もつぶやく

4 最後に「ありがとう」とつぶやいて、ポンポンと胸を軽く叩いて目を開けて終わる

5 7日間続けてみる

ちなみに4の「ありがとう」は感謝の気持ちなんですが、意味合い的には、単純な感謝ではありません。

「願望が叶って欲しいけど、叶わなかったらどうしよう」とか「将来の不安や心配が募ってきて仕方ない」と思うのは、そうなった時に備えて、**あなたが傷つかないように**（**現状維持を好む**）**潜在意識が守ってくれているということでもあります。**

でも、僕たちはやっぱり本当は願いを叶えたいし、幸せな気持ちでいたい。

だから、それは過剰で過保護な守りであるとも言えます。

そんな過保護な面もある潜在意識に向けて、
「もういいよ、私は大丈夫だから。今まで守ってくれてありがとう」と、まるで過保護なママがこれ以上モンスターペアレント化しないために、抑える役割という意味での「ありがとう」です。

不安や心配に駆られても、それが100％現実になるとは言えません。もっと言えば、見えない幻に怯えているだけとも言えます。

今までもたくさん不安や心配を抱えてきたけど、あなたは今日も生きているじゃないですか。

今までの不安や心配のせいで、これからもたくさんのトラブルが起きそうな気がするけど、裏を返せば「あなたが今、生きていること」を証拠に、それらの問題をこれまで乗り越えられてきた、ということですね！

だから、これからも大丈夫！


どんなことも乗り越えて今日までやってきたことや、不安や心配でさえも「良し良し（全て良かったこと、良かったこと）」と言って肯定してあげて、その存在を許してあげてください。


反発すればそれが増大していきます。

試験勉強前の徹夜で「寝ちゃいけない」と思えば思うほど眠くなるように、

「携帯は絶対に見るなよ」と言われれば言われるほど見たくなっちゃうように、

「押すなよ！　押すなよ！」って言われれば言われるほど熱湯に落としたくなるように、

不安や心配や恐れも、否定したり拒絶すればするほど、あなたの中でいずれ爆発します。

そうさせないためにも「不安や心配があっても良いんだよ。私を守ろうとしてくれてたんだもんね」と認めてあげてください。

そうすれば、あなたが消そうと思わなくても、勝手に消えていくはずです。

頭を撫で撫で、「よしよし。よしよし」

胸をポンポン、「よしよし。よしよし。ありがとう」

たったこれだけ。簡単でしょ？

起こる全てが良いこと。良《よ》し良《よ》し、良《よ》し良《よ》し♪

あなたの体はあなたのものじゃない!?

僕たちが「幸せな気持ち」を感じることができるのはあなたに心があるからですよね。

数字では測れない、データとしても表せないのが「幸せな気持ち」。

それを感じる心は、1人1人違います。

おいしいご飯を食べた時に「幸せな気持ち」を感じる人もいれば、子どもと一緒に遊んでいる時に幸せな気持ちを感じる人もいるだろうし、中には、アントニオ猪木さんにビンタされて幸せを感じる人だっているぐらいです。

こういった具合に、人が「気持ち」を感じる「心」という部分は、みんな違いますが、そういった気持ちなどを感じるために、絶対に必要になるものがあります。

そして、それはみーんな、同じです。

…幸せを感じるために必要なものそれは、あなたの体です。

あなたの体が色々なことを体験して、初めてそれが嬉しいのか悲しいのか、幸せなのか不幸なのかを感じることができます。

逆に、あなたの体がなかったら何も体験することができません。

それは世界中のどんな人にも共通することです。

あなたが今、健康で元気な体であれ、病気をして自由のきかない体であれ、**この本を読んでいるということは、あなたは正真正銘【生きている】ということ**です。

「いやいや、私、とっくに死んでるんですけど何か？」という人がいたら、いち早くあちらの世界にお引き取り願いたいところです（笑）。

そして、あなたが生きているということは、「無意識」があなたを生かしているということです。

【生きている】ことは、本当は一番「幸せな気持ち」を感じなくてはいけない部分です。**生きているだけで、幸せ**なのです。

では、僕たちはなぜ生きているのでしょうか？

それは、経験したいからです。

僕たち人間は、色々な〝こと〟を通して「幸せな気持ち」を経験したいのです。
でも、普段、呼吸1つでさえ意識をしてません。
呼吸が止まったら死ぬのに……感謝の気持ちすら湧いてきません。
めちゃくちゃ良いヤツじゃないですか、無意識って！
止めようと思えばいくらでも止められるのに、僕たちが「この役立たずが！」と言って、自分の体をポコポコ叩いても、血液は流れ、臓器は動き、消化吸収し、呼吸もしてくれます。

そう考えるとどれだけ自分の無意識や体は優秀なんだろうと思ってきませんか？なんだったら無意識も体もとても愛おしく感じてきませんか？

その気持ちをせめてあなただけでも、感じて欲しいのです。
だからこそ、僕なりに普段から行っている瞑想メソッドをご紹介します。

メソッド⑮：ハート瞑想

やり方

1　座ってもいいし、寝転がってもいいので、とにかく自分が一番楽な姿勢をとる

2　どちらの手でもいいので（両手でもＯＫ）心臓に手を当てる

3　自分の好きな、心が落ち着く曲を流します（歌詞がないものだとより良い）

4　だいたい1曲が流れている3分間、自分の心臓の鼓動をしっかりと感じる。できなければ、1分でもＯＫ。呼吸は深呼吸をするようにゆっくりと吸ったり吐いたりする

5 7日間続けてみる

今回のメソッドでは呼吸に意識を向ける必要はありません。ゆっくりと呼吸すればＯＫです。

大事なのは心臓に手を当て「ドクン、ドクン」という鼓動をしっかりと感じること。

あなたが鼓動を一瞬だけ止めようと頑張っても、心臓は一定のリズムを刻み続けています。

そこにあなたの意思は介在していません。あなたがどんなにネガティブな思考や感情になろうとも、たとえ「死にたい」と思っても鼓動は刻み続けます。

ただ単に「生かされていることに感謝をしましょう」と言いたいわけではありません。

いや、もちろん感謝したい人や、できる人はしてください。

このメソッドをやってもらうと分かるのが、**あなたが思ってる以上にもう1人のあなた（潜在意識）はあなたのことを大事に思っている**ということです。

そして、瞑想と言うぐらいですから、【今】という瞬間に意識を向けることができるのも効果の1つです。

ネガティブなことも、将来の心配も、家族との不和も、仕事がうまくいかないことも、恋愛がうまくいかないことも、体調が優れないことも、我慢や辛抱をしてきたことも……

ブワァっと、あふれ出たその全てが、あなたが1人で抱えてきたものです。

頭がそのことでいっぱいになったとしても、鼓動は刻み続けてるんです。あなたが心臓を動かすのをうっかり忘れても、もう1人のあなたはそれを忘れたりはしません。

絶対にうっかりはありません（絶対に！）。

それはあなたが大事だから。何より大事だから。

生きてたくさんの経験をこれからもして欲しいから。

でも、あなたはそのことに気づかず、過去の後悔、将来への不安、さらには日々のストレスのことばかりに意識を向けています（大事に抱えています）。

あれれ、命より大事なんですか？　っていうくらいにです。


それでもなお、そう「明日死ぬ」って分かってる状況でさえ、鼓動は刻み続けてくれます。あなたが頼まなくても、意識しなくても、死にたいとさえ願っても。

それはなぜか？　もう一度言います。

もう1人のあなたは、あなたのことが大事だから。

死ぬその時まであなたが大事だから。
あなた以上にあなたを思ってる人はいないから。

これは普段、仕事や家事や育児などの忙しさでストレスを抱える人……そう！　まさに忙しさで〝心〟を〝亡〟くしてしまったあなたにぴったりの瞑想です。

自分を大事に感じられて、愛おしくさえ思えてくるこの瞑想。寝る前にでも構いませんからやってみてはいかがでしょう。

なんならそのまま寝ちゃってもいいし。それで幸せな気持ち、自分を慈しむ気持ちに包まれて眠ってしまって、次の日、目が覚めなくてもいいじゃないですか。

……。

いや、良くないか！　失敬！
まだまだやりたいことありますもんね！
そう、経験したいことがたくさんあるからこそ僕たちは生きています。
鼓動を刻み続けてくれています。
色々なことを経験できるのは、他人でも僕でもありません。あなた自身です。
経験したいことはまだまだ山ほどあるはずです。
それは楽しいことだけでなく、辛いことも悲しいことも全部です。
あなたが今、苦しんでいることさえもあなただけが体験できることです。
僕にはあなたが感じていることを完全に共感できません。
僕はあなたじゃないからです。
反対にあなたにも僕の感じていることを完全には共感できません。
どんな人もあなたのことを「1」から「100」まで理解・共感できないのです。

あなただけが体験できることを……

「今、あなたが体験している」

と思ったらどうでしょうか？　確かに苦しいことには変わりありません。

でも、

その体験は、自分にしかできない特別なもの

だと思えたら、とても尊い気持ちになりませんか？

あなたがその苦しみを、悲しみを、辛さを「嫌だ嫌だ」と思えば思うほど、さらにその気持ちは膨らんでいきます。

だからこそ、その苦しみにすら今日から感謝しませんか？

そして、その体験をそろそろ解放してあげませんか？

メソッド⑯：卒業メソッド

やり方

1 目をつむり今、苦しいことや辛いことをココロに思い浮かべる

2 どちらの手でも構わないので胸に手を当て、「私だからこそ、この体験ができたんだ。これで卒業する。おめでとう」

3 「おめでとう」と言った後にこみ上げてくる感情を感じきって「ありがとう」と言う

4 7日間続けてみる

90%

0章で僕は「不安や悩みから卒業しましょう」と書きました。
そうです、あなたが体験を終了するというのは卒業するということです。
あなたが学校を卒業する時、どんな劣等生でも、どんな優等生でも周りの人からはどういった言葉をかけられますか？

「卒業おめでとう」ですよね。

そして、それに対してどう答えますか？

「ありがとう」ですよね。

分かりきったことだと笑わないでください。
何度もこの本で出てきましたが、この世界は［表］があれば［裏］があり、［男］がいれば［女］がいるという、2つで1つのワンセットの構造になっています。

だから、「おめでとう」に対して「ばかやろう」と言う人はいませんよね。必ず「おめでとう」と言われたら、人は「ありがとう」と答えます。

そしてそれでようやく卒業したんだ、という実感が湧いてくるはずです。

このメソッドでも、あなたが「もう卒業したいと思う体験」に対して「おめでとう」と語りかけてみてください。

人によっては今まで辛抱してきた思いや、頑張りが報われた気持ちになって涙が溢れてくるかもしれません。

でも、決してその涙やこみ上げてくる感情に蓋をしないようにしてください。流れる涙はそのままに、感情も出しきってみてください。

そして十分、感じきって今までの思いを「卒業」させてあげましょう。

何度も何度も「おめでとう」と言ってあげても構いません。

そして、最後に「ありがとう」と言って、この体験を本当に終わらせてください。

どんな体験もあなたにしかできません。

「辛かったね、苦しかったね、でももう私から、卒業していいよ。おめでとう」と声をかけてあげてください。

きっと心がスーッと澄んでくるはずです。


そして、その時にあなたは感じることでしょう。

今まで私も頑張ってきたけど、それ以上にこの体がこの心が頑張ってきたということを。

さらにこれらのメソッドを通して、あなたは日々の生活の当たり前の中に「幸せな気持ち」がたくさんあるということに気づけるし感謝もできるようになるはず。

そのためにはまずは自分の体が大事であること、これを意識してみてください。
大切にしてみてください。
この世で一番大事なのは〝あなた自身〟だから。

願ったわけでもないのに、今日も僕は生きれている。ありがとう。

100%命を信頼する

この本の中でずっと使ってきた「無意識」という言葉。

なんだかおかしいと思いませんか？　「無」という言葉は〝ない〟という意味なんです。

意識が無い？

……だったら「無意識」って存在していないということになりませんか？

でも、あなたは無意識のチカラで今日まで生きてこれたし、これからも生きていきます。

意識のチカラだけで生きてきたと言うなら、あなたが眠っている間にとっくに鼓動は止まっているはずです。

このことを証拠に、「無意識」は存在していることになります。

では、この「無」とは、一体何でしょう？

それは……

全て在るということです。

あらゆる可能性が存在しているということです。

あなたが想像できる以上のものがあるということです。

その全ての中から、あなたが意識を向けたところだけが浮かび上がってくるということです。

「潜在」しているところからあなたが引っ張り上げただけだということです。

「無」とは〝ない〟ということではなく、意識できないというだけのことです。

意識できないだけであって色々な可能性が眠っているということです。

気づくべきは〝無意識の領域には、あらゆる可能性がある〟ということです。

あなたが想像したらその分だけさらに外側にあなたが想像する以上の可能性が広がっていきます。

想像しても想像しても「無意識」に終わりはないことでしょう。

それに気づかない間は、どんな本を読もうと、どんなセミナーを受けようと、「自分は幸せになれない」と決めつけてしまうと思います。

まだまだたくさんの可能性があなたの中には眠っているし、存在しているのだから本当は自由に選べるのです。

そして、それはあなたが無意識（潜在意識）のチカラをもっともっと信頼すれば、その可能性ももっともっと見えてきます。

そのために「自分を大事にしてください」と言いました。

普段、あなたは会社や学校や家庭などで、感情的になってつい怒ってしまったり、落ち込んでしまったり、喜びで飛び跳ねたり、嬉しさで泣いてしまったり、と色々な自分（あなた）がいると思います。

仕事をしている時の自分が「本当の自分」かと言えばそうではないでしょうし、家での自分が果たして「本当の自分」ですか？　と聞かれたら、そうだとも言えないでしょう。

色々な場面で色々な自分がいて、それを合わせたものがきっと本当の自分だと言うはずです。

自分とは「自」らを「分」けると書きます。

優しい自分や少し冷たい自分、真面目な自分もいれば、たまに愚痴を言ってしまう自分もいる。

「あなた」という人間は1人しかいないはずなのに、たくさんたくさん、あなたの中に「自分」がいますよね？

それをふまえると、僕たちが幸せになれない理由はただ1つです。

あなたの中で不幸だと思っていることにあなた自身が同化してしまっているからです。

そして、あなたが「不幸」そのものだと思っているからです。

あなたが「不幸」そのものだと思っている以上、その不幸を俯瞰で見ることはできず、あなたは不幸自身なのですから、不幸以外になりようがありません。

病気で苦しい人が病気のことばかり考えいる間、命は病気に支配され、**その人自身が「病気」そのものになっている**ということ。

夫婦ゲンカや親子ゲンカで毎日悩まされてる間は、**その人自身が「争い」そのものになっている**ということ。

お金に苦しんでそのことばかり考えてしまうのは、**その人が「お金の苦しみ」そのものになっている**ということ。

同じ「境遇」であっても、「幸せな気持ち」を見出す人もいます。

その人は、自分とその境遇は別物であり、無意識のチカラが解決してくれると信頼しているから、その境遇から「幸せ」を選択できるのです。

あなたは「病気」そのものですか？
あなたは「争い」そのものですか？
あなたは「お金の苦しみ」そのものですか？

違います。
あなたは「あなた」です。

同化するから苦しいのです。

僕もそうだったからよく分かります。でも、同化している限りはそこからは抜け出せないし、卒業できません。
例えば、夢を見ている時って、実際に現実に起こっていることのように、怖い思いをしたり、嬉しい気持ちになったり。でも、目が覚めたら「なーんだ、夢か」と思いますよね。

ところが、夢を見てる時に「これは夢だ！」と気づけたらどうでしょう？　もうそこに苦しい思いも悲しい思いもないはずです。なぜなら『夢を見ているのがあなた』であって、『夢の中で感情を感じてるのがあなたじゃない』のですから。

自分の中にいろんな自分がいるけど、本当の自分は今、生きている命そのものです。

あなたの命はあなたそのもの。

そして命とは「無意識」のことです。

だからあなたには、全ての可能性があるということです。

それは何者にもなりません。

あなたが自分で同化したと思い込んでいるだけです。

本当はそうではなく、もっともっとすばらしい存在だし、すばらしいチカラを持っているのに、持っていないと勘違いしているだけです。

あなたが間違った方向に頑張れば頑張るほど、「幸せな気持ち」を感じられないままでしょう。

あなたがやるべきことはただ1つ。あらゆる可能性の中から、選択したいものに意識を向けるだけ。

そこから先は、あなたにとって正しい答えをくれる無意識にお任せしましょう。

だから、今、色々なことで苦しんだり、悩んでいる人、病気や争いを恐れてる人、葛藤している人はどうかこの言葉を、口に出して言ってみてください。

「わたしは命そのもの」
「わたしは命を信頼する」

命を信頼してください。

信用ではありません。

〝信用金庫〟や〝信用取引〟とは言うけど、〝信頼金庫〟や〝信頼取引〟とは言わないでしょ？

これは、「信用」には条件があるからです。

「お金を返してくれる（担保がある）なら、貸すよ」という条件があるでしょ？

「信頼」は無条件です。

「たとえ裏切られてもいいから、あなたに託してみるよ」というのが「信頼」です。

だからこそ、僕はあなたに「わたしは命を信頼する」と言ってください、とお願いしました。

「命を信用する」だったら、鼓動が動き続けている限りは、あなたも意識して「生きよう！」と思わなければいけないはずです。

そうなればあなたはおちおち眠ってなんかいられません。意識が遠のいた瞬間、鼓動が止まるかもしれないのだから。

でも、あなたが裏切ろうが、死にたいと思っていようが、何をしようが、もう1人のあなたは鼓動を続けます。

もう1人のあなたは、あなたのことを「信頼」しているんです。

あなたなら最後まで頑張って生きてくれると。

あなたなら最後まで「あなた」を愛してくれると。

あなたなら最後まで人生を諦めないと。

だから、あなたもどうぞ命を「信頼」してください。そして、心の声に耳を傾けてください。無意識はいつもあなたに正しい答えを教えてくれますから。

無意識（潜在意識）と呼ばれるもう1人のあなたは、いつでも…いつまでもあなたの味方だから。

無意識とフトシは、いつでもあなたの味方です。

おわりに

自分の心に火を点けるのは、あなた自身だ！

おわりに・自分の心に火を点けるのは、あなた自身だ！

僕は自己啓発書を本当はなくしたいと思っています。

本屋さんに行けば、自己啓発書が毎日、新しく並びます。

もちろんその本が悪いわけじゃないし、この本だって【自己啓発書】のコーナーにも並ぶことでしょう（笑）。

日々、そういった本が出るということは、「簡単に人は変われない」ということかもしれません。

確かに、この本の中で書かれているメソッドをやったからと言って、人生がすぐさま劇的に変わるわけでもないし、願いがどんどん叶うというわけでもないでしょう。

「え？　じゃあ、今まで読んできたことは何だったの？」と思うかもしれませんね。

でもそれは、あなたの中にすばらしいチカラが眠っているということ、そして大いなる可能性を秘めているということに気づいて欲しかったからです。

だから**この本を読んで、あなたが持っているすばらしい【無意識】のチカラに気づいたのなら、「もう、他人に啓発されてる場合じゃないですよ！」と僕は言いたい**のです。

本当の自己啓発とは自分の中に眠っているチカラを呼び覚まし、道を切り拓いていくということだから。

できればこの本をあなたが手にとる、自己啓発書の最後にして欲しいとさえ思っています。

自己啓発書を読んでも、スピリチュアル書を読んでも、コミュニケーションのノウハウ本を読んでも、成功しない・幸せになれないのは『やったつもり』になってしまって、行動しないからです。

だから、読んだそばから自然と心も体も動き出してしまうような、街に飛び出して行きたくなるような、そんなブログや本を僕は書いていかなければならないと思っています。

さらに、もれなくその人にとって確実に何かしらの変化をもたらすものを。

それこそが**僕が書いているブログの使命であり、大げさに言えば僕自身の使命**なのかもしれません。

この本で紹介したメソッドはどれも簡単なことで、今すぐにできるものばかりです。

人生をより良くしたいと思ってこの本を手にしてても、メソッドをやらない人もいるでしょう。

もしかしたらその人は「こんな簡単なことで人生が変わるわけがない」と思ってるかもしれません。でもね……

そんな簡単なことすらやらない人が難しいことにチャレンジするわけがありません。

まだ幼い時、親や先生や周りの人たちからこんなことを言われませんでしたか？

「あいさつをしましょう。人に優しくしましょう。嘘はつかないようにしましょう。みんなと仲良くしましょう。『ごめんなさい』と『ありがとう』を素直に言いましょう」。

大人になってこういったことをやらない人を見て、あなたはどう思いますか？

「どうしてこんな簡単なことすらできないの？」と思いませんか？

その言葉を、本気で人生を良くしたい！　幸せになりたい！　と思っていながら行動しない人にそっくりそのままお返しします。


きっと、多くの人は難しいことほど価値があると思っているのかもしれませんが、決してそうではありません。簡単で当たり前のことを当たり前にやれる人が、幸せだと自分で思える人生を送れています。

メソッドをやる・やらないを含めて、あらゆる可能性の中からあなたがどれを選択するかはあなたの自由です。


そして、最後の最後にあなたの心に火を点けるのは僕ではなく、やっぱりあなた自身なのです。


僕の過去の経験は全て無駄ではなく、今こうして役に立っています。そして辛かった過去の経験さえ感謝しています。

だから今、あなたが「苦しくて立ち直れないかもしれない」と思っていることでさえも、未来のどこかで役に立つかもしれません。

「あの時の経験があったから今がある」といつか感謝に変わるかもしれません。

その可能性をどうか見捨てないでください。


あなたの【無意識】も僕も、あなたの味方だから。

最後になりましたが、この本を書くにあたって僕を支えてくれた家族、友達、ブログの読者のみなさん、この本の制作に関わってくださった関係者のみなさん、そして……僕の【無意識】に、心から感謝します。本当にどうもありがとうございました。

あなたが心から幸せだと感じる時間が、昨日より今日、今日より明日と、1分1秒でも増えたらいいなと思って僕はこの本を書きました。そしてこれからもあなたに届けていくでしょう。

『最高はこれから。世界はあなたを待っている』
というメッセージを。

2015年　無意識に導かれて

クスドフトシ

デザイン　西垂水敦+岩永香穂(tobufune)
イラスト(カバー)　越井隆
イラスト(本文)　タニモトハル／SUGAR
校正　ペーパーハウス
編集　岸田健児(ワニブックス)

無意識はいつも正しい

著者　クスドフトシ

2015年 9 月10日　初版発行
2015年12月 1 日　4 版発行

発行者　横内正昭
編集人　青柳有紀

発行所　株式会社ワニブックス
〒150-8482 東京都渋谷区恵比寿4-4-9 えびす大黑ビル
電話 03-5449-2711(代表)
03-5449-2716(編集部)
ワニブックスHP　http://www.wani.co.jp/

印刷所　株式会社美松堂
DTP　朝日メディアインターナショナル株式会社
製本所　ナショナル製本

定価はカバーに表示してあります。
落丁本・乱丁本は小社管理部宛にお送りください。送料は小社負担にてお取替えいたします。ただし、古書店等で購入したものに関してはお取替えできません。

ISBN 978-4-8470-9385-2